历史穿越报

天之骄子
汉武帝

非一般的皇帝

冰心儿童图书奖获得者 **彭凡** 著

化学工业出版社
·北京·

前言

　　如果你想了解一个人，就和他一起吃饭、聊天、逛街，关注他的朋友、他的敌人，以及他周围的一切。可是……

　　如果他是一位古代帝王，该怎么办？

　　很简单，坐上我们的时光机，回到他生活的年代，和他一起吃饭、聊天、逛街，关注他的朋友、他的敌人，以及他周围的一切。

　　当你回到古代，你会发现，原来古人也和我们一样，也要工作、学习和娱乐，也爱美食、八卦和明星。

　　你会发现，你想了解的人，也正是大家热烈讨论的那个人。

　　你会发现，当时的好多新闻、八卦都与他有关。

　　你会发现，就连广告中也处处有他的身影呢。

　　武则天刚刚发布了一则公告，要在全国进行大改革，年号要改，旗帜要改，衙门名称、官职名称等都要改，连都城的名字也要改，话说她这是要登基当女皇的节奏吗？

　　朱元璋正在招兵买马，小编穿穿刚好会几招三脚猫功夫，要不要报名去试试？

　　一个通讯员告诉我们，李世民又和魏征在大殿上争得面红耳赤了，我们要不要偷偷把这个镜头拍下来呢？

……

现在,你是不是迫不及待想回到古代,在第一时间内了解这些新闻和八卦呢?别急,我们已经派人穿越了,将你想知道的一一记录下来,刊登在《历史穿越报》上。

这套《历史穿越报》一共十本,分别详细记录了汉武帝、唐太宗、武则天等十位帝王的成长历程。每本《历史穿越报》有十二期,一月一期。每期报纸中都有五花八门的新闻、八卦、访谈、广告、漫画,让你目不暇接。

我们的记者队伍非常庞大,分布在全国各地。有一部分人喜欢专门记录重大事件,我们将这些稿件放在"叱咤风云"栏目。

我们还有一批勤奋的通讯员,每天穿梭在各大茶馆。他们可不是去喝茶哦,而是为了搜集百姓的八卦、言论,给"百姓茶馆"栏目准备素材。

我们还设立了一个"鸿雁传书"栏目,古人有什么困扰、烦恼,统统都可以通过来信告诉我们,小编穿穿会一一耐心回复哦!

我们还有一位大嘴记者,名叫越越,专门负责采访当时最杰出或者最有争议的人物。他是一个胆大包天的家伙,就算是皇帝也要刁难一下,古人们可要做好准备了!

当然,我们还有"广告铺"栏目,欢迎大家刊登广告,价格从优哦!

最后,希望大家在看完这份报纸后,不仅能读懂帝王们的一生,还能从中获得知识、经验与勇气,让我们的穿越功夫没有白费。

第1期　金屋藏娇的小皇子

【烽火快报】十皇子终于降生啦 ·· 11
【绝密档案】揭秘王美人的身世 ·· 12
【叱咤风云】刘荣被立为太子——小皇子要金屋藏娇 ················ 14
【鸿雁传书】陛下说话不算话 ·· 17
【百姓茶馆】薄皇后主动退位了 ·· 19
【名人有约】特约嘉宾：刘启 ·· 20
【广告铺】出售无足食案——严惩亡命之徒——对杜小春的批评
　　　　　公告 ··· 22

第2期　太子争夺战

【烽火快报】太子刘荣被废了 ·· 24
【绝密档案】废太子背后的故事 ·· 25
【叱咤风云】梁王与王美人的PK——周亚夫要造反？ ··············· 26
【鸿雁传书】前太子的求救信 ·· 29
【百姓茶馆】临江王是皇帝逼死的？ ··· 30
【名人有约】特约嘉宾：刘彻 ·· 34
【广告铺】"郡守"改名"太守"——买瓜果，来东市——关于王
　　　　　巧巧休夫案的判决 ··· 36

第3期　新帝上任三把火

【烽火快报】太子登基了……………………………………………… 38
【叱咤风云】董仲舒的五条建议——窦婴：守得云开见月明——诙谐滑稽的东方朔…………………………………………………… 39
【鸿雁传书】朝廷为什么罢免我?………………………………… 41
【名人有约】特约嘉宾：刘彻……………………………………… 48
【广告铺】吃饭礼仪——定年号为"建元"——告诫各位学子… 50
【智者为王】第1关………………………………………………… 51

第4期　祖孙间的战争

【烽火快报】太皇太后发威了……………………………………… 53
【叱咤风云】窦太皇太后与黄老学说——闽越攻打东瓯，汉朝救还是不救?……………………………………………………… 54
【百姓茶馆】窦太皇太后驾崩了…………………………………… 61
【鸿雁传书】田蚡凭什么如此无礼?……………………………… 62
【名人有约】特约嘉宾：田蚡……………………………………… 63
【广告铺】出兵闽越国——讣告——全国举孝廉诏书…………… 65

目录

第5期　长门宫怨

- 【烽火快报】卫子夫怀孕，遭长公主报复……………………… 67
- 【绝密档案】揭秘卫子夫的身份………………………………… 68
- 【鸿雁传书】陛下为什么不喜欢我……………………………… 70
- 【叱咤风云】后宫爆发巫蛊案，陈皇后被废——卓小姐跟司马相如
  　　　　　　私奔了…………………………………………… 72
- 【百姓茶馆】千里马终于遇到伯乐啦…………………………… 75
- 【名人有约】特约嘉宾：刘彻…………………………………… 76
- 【广告铺】对赵二牛的批评公告——立后诏书………………… 78

第6期　向匈奴开战

- 【烽火快报】马邑之谋，打响反击匈奴第一战………………… 80
- 【叱咤风云】和亲到底行不行得通？——卫青直捣龙城，斩杀匈奴
  　　　　　　七百人…………………………………………… 81
- 【鸿雁传书】怎样才能劝陛下罢兵……………………………… 85
- 【百姓茶馆】怎样才能彻底击垮匈奴…………………………… 86
- 【名人有约】特约嘉宾：卫青…………………………………… 90
- 【广告铺】严禁夜行——婚宴公告——换婚公告……………… 92
- 【智者为王】第2关……………………………………………… 93

第7期　张骞出使西域

- 【烽火快报】一则特殊的招聘广告……………………… 95
- 【绝密档案】皇帝为什么派人出使西域………………… 96
- 【叱咤风云】十三年后,张骞终于从西域归来——张骞第二次出使西域……………………………………………………… 99
- 【百姓茶馆】张骞打仗为什么不行……………………… 102
- 【鸿雁传书】乌孙要不要脱离匈奴控制………………… 104
- 【名人有约】特约嘉宾:张骞…………………………… 108
- 【广告铺】算缗令——大汉与乌孙的联姻公告………… 110

第8期　人才济济的朝堂

- 【编辑导读】皇帝偏爱哪种人才?……………………… 112
- 【叱咤风云】大器晚成的公孙弘——张汤,是酷吏还是能臣?——朝堂中最耿直的大臣——汲黯………………… 113
- 【百姓茶馆】内朝厉害还是外朝厉害…………………… 118
- 【鸿雁传书】颁布推恩令的目的是什么………………… 119
- 【文化广场】后来居上的由来——《史记》:一部伟大的史书诞生了……………………………………………………… 123
- 【名人有约】特约嘉宾:公孙弘………………………… 128
- 【广告铺】派苏武出使匈奴诏书——迁茂林令………… 130

第9期　武将与沙场

【编辑导读】名将的风采……………………………………………… 132
【叱咤风云】卫青：谦虚低调的大将军——霍去病：年少得志的冠军侯——李广：生不逢时的一代老将……………………… 133
【鸿雁传书】李广为什么一生不得封候……………………………… 142
【百姓茶馆】汉朝三大将，个个是外戚……………………………… 143
【名人有约】特约嘉宾：李陵………………………………………… 145
【广告铺】设立朔方、五原二郡诏书——讣告——征讨大宛诏书……………………………………………………… 147
【智者为王】第3关……………………………………………………… 148

第10期　淮南王谋反案

【烽火快报】淮南王造反败露，畏罪自杀……………………………… 150
【叱咤风云】淮南王早就想造反？——淮南王造反始末……………… 151
【鸿雁传书】我要不要自首……………………………………………… 156
【百姓茶馆】江都王也造反了…………………………………………… 157
【名人有约】特约嘉宾：刘安…………………………………………… 159
【广告铺】出售《淮南子》——设立五属国诏书……………………… 161

第11期　冤死的太子

【烽火快报】又一场巫蛊案爆发了……………………………… 163
【绝密档案】江充的发家史………………………………………… 164
【百姓茶馆】江充和太子的恩怨…………………………………… 166
【鸿雁传书】太子的求救信………………………………………… 168
【叱咤风云】太子被迫"造反"了——迟来的和解…………… 169
【名人有约】特约嘉宾：刘据……………………………………… 172
【广告铺】全城戒严通知——修建思子宫诏书………………… 174

第12期　立子杀母

【烽火快报】轮台罪己诏，皇帝的公开认错书………………… 176
【绝密档案】皇帝为什么下罪己诏？…………………………… 177
【叱咤风云】立谁为新太子？——可怕的"立子杀母"…… 179
【鸿雁传书】画中的玄机………………………………………… 181
【百姓茶馆】令人唏嘘的爱情传奇……………………………… 184
【名人有约】特约嘉宾：刘彻…………………………………… 185
【广告铺】遣散方士诏书——严禁百姓私自铸铁、煮盐——出售大宛宝马……………………………………………………… 187
【智者为王】第4关……………………………………………… 188

智者为王答案……………………………………………… 189
汉武帝生平大事年表…………………………………… 191

第1期

公元前156年—公元前150年

金屋藏娇的小皇子

汉武帝

穿越报
CHUANYUE BAO

【烽火快报】
- 十皇子终于降生啦

【绝密档案】
- 揭秘王美人的身世

【叱咤风云】
- 刘荣被立为太子
- 小皇子要金屋藏娇

【名人有约】
- 特约嘉宾：刘启

【广告铺】
- 出售无足食案
- 严惩亡命之徒
- 对杜小春的批评公告

穿越必读 CHUANYUE BIDU

汉武帝刚出生时，只是一个普普通通的小皇子，但他母亲王美人却是个很有野心的女人。为了将儿子送上万众瞩目的太子之位，王美人费尽心机，结交讨好有权有势的长公主，一段金屋藏娇的佳话便由此诞生了。

FENGHUO KUAIBAO 烽火快报

十皇子终于降生啦
——来自皇宫的加密快报

公元前156年,皇宫里发生了一件大喜事,又一个皇子降生了!

虽说这是皇帝刘启(即汉景帝)的第十个儿子,但这个儿子可不同凡响哦!因为据他的亲生母亲王美人说,她怀孕的时候做过一个梦,梦见一轮红灿灿的大日头扑通一声,落进了她肚子里。

啧啧,这可不得了,这不是说小皇子是天上的太阳转世,将来是要当皇帝的吗?

可是,根据汉朝的传位制度,只有嫡长子才有资格继承皇位。可十皇子呢,一不是嫡子(即皇后的儿子),二不是长子,这十皇子被立为太子的概率几乎为零。

再说景帝,他才不管"太阳转世"的梦是真是假呢,宫里新添了个小皇子,他只顾着高兴,立刻给小皇子取名叫刘彘(zhì)。彘,就是小猪的意思。

刘小猪,这名字……合适吗?

有什么不合适的,立刻有人回应,皇帝说合适就合适,谁敢多说,活得不耐烦了嘛!

来自皇宫的加密快报!

绝密档案 JUEMI DANGAN

揭秘王美人的身世

王美人生了个小皇子，算是为皇室立了一大功，到现在整个皇宫里喜气洋洋的。趁这个机会，我们对王美人的身世做了一个调查，这一查可不得了，竟让我们发现了一个惊天秘密：原来王美人在进宫前，早就嫁过人，生过孩子了，只是这事儿被瞒了下来。

一手策划这件事情的不是别人，正是王美人的母亲臧（zāng）儿。

臧儿是燕王臧荼（tú）的孙女，原本是王侯家的小姐，要是嫁人，至少能嫁个王孙公子，谁知后来臧荼造反，从此家道中落，臧儿最后只嫁了个姓王的平民，并生了两个女儿，一个叫王娡（zhì），就是后来的王美人，另一个叫王皃姁（mào xǔ）。

王娡长大后，嫁给了一个叫金王孙的人，还生了一个女儿，一家人和和美美地过着小日子。

也许是不甘心女儿跟自

JUEMI DANGAN 绝密档案

己一样,一辈子只能做个普普通通的农妇,一天,臧儿找来一个算命先生,给两个女儿卜了一卦。

算命先生说:"你这两个女儿可不得了,是这世间少有的大富大贵命!"

臧儿听了心花怒放,立刻嫌弃起金王孙来,于是跑到金家,逼女儿跟女婿离婚。金王孙却不肯离,小两口日子过得好好的,丈母娘却跑来要拆散他们,这是什么道理?可臧儿是个很厉害的女人,硬是把王娡抢了回来,与小女儿王皃姁一起送进了太子刘启的宫里。

姐妹俩都是一等一的大美人儿,性格又温婉随和,进宫之后,很快都得到了太子的宠幸。妹妹王皃姁一连给刘启生了四个儿子,姐姐王娡也生了三个女儿。谁都知道,在宫里生女儿不如生儿子好,正当王美人暗暗着急的时候,她总算又怀孕了,还生下了一个太阳转世的小皇子,这可把大家羡慕坏了。

有人说,王美人虽然看起来温顺乖巧,但其实跟她母亲一样,是个很厉害、很有野心的女人。

刘荣被立为太子

刘小猪四岁的时候,太子的人选终于确定下来了。立的当然不是刘小猪,而是栗姬的儿子刘荣。

有人觉得奇怪,刘启为什么不立皇后的儿子呢?原来,薄皇后嫁给刘启多年,一直都没有生育,而栗姬却给刘启生了三个儿子,其中就包括长子刘荣。按照嫡长子制度,刘荣理所当然地被立为太子。

有人猜测,接下来刘启是不是要废掉薄皇后,立栗姬为后呀?

不过刘启却迟迟没有动静,原来,栗姬这个人性格暴躁,嫉妒心强,刘启一来觉得她不够资格当皇后,二来怕她当上皇后之后,变得更加无法无天,于是就把这事儿搁置下来了。

叱咤风云

而栗姬呢，自从儿子被立为太子后，在宫里就以皇后自居，每天像螃蟹一样横着走。

对立太子一事，还有一个人特别关注，她就是长公主刘嫖。刘嫖是刘启的亲姐姐，也是当今最有权势的女人之一。但刘嫖并不满足于此，一心想让自己的女儿陈阿娇当皇后，哪怕阿娇这时只是个六七岁的小姑娘。

于是刘启这头刚立完太子，长公主那头就出动了。她亲自上门表明想与栗姬结亲，谁知栗姬一口回绝了，这下可把长公主气坏了。

这么好的亲事，栗姬为什么拒绝呢？

因为栗姬恨长公主。原来，长公主为了讨皇帝欢心，隔三差五往宫里送美人，这些美人个个都比栗姬得宠，栗姬满肚子火没处发泄，如今长公主找上门来，她正好趁机报仇，于是鼻子一哼，表示对阿娇没兴趣。

长公主碰了一鼻子灰，恨得牙痒痒，心想：你敢拒绝我，我就让你的儿子做不成太子！

从这以后，长公主常常跑到皇帝跟前说栗姬的坏话，什么栗姬指使下人诅咒皇帝的宠妃啦，背后冲她们吐口水啦，还在宫里行巫术等。刘启本来就对栗姬有意见，听姐姐这么一说，对栗姬更加厌恶，连带看太子也不顺眼了。

叱咤风云 CHIZHA FENGYUN

小皇子要金屋藏娇

长公主一面攻击栗姬,一面又向王美人抛出了橄榄枝。

原来,长公主与栗姬闹翻后,并没有气馁,见王美人的儿子刘彘聪明伶俐、气宇不凡,又打起了这个小皇子的主意。而王美人正好需要一个靠山,见尊贵的长公主向自己示好,便乐得顺水推舟,私底下和她结成了亲家。据说二人结亲的过程中,还发生了一个有趣的故事呢!

那天,长公主把小刘彘抱到腿上,逗他说:"彘儿长大了要讨媳妇儿吗?"

"当然要啊!"小刘彘说。

长公主指着一个宫女:"她好不好?"

"不好。"小刘彘嘟起嘴巴说。

长公主又指了一个宫女,小刘彘还是摇头。最后,长公主指着自己的女儿说:"那阿娇好吗?"

"好啊!"小刘彘开心地说,"如果能讨阿娇做媳妇儿,我就造一个金屋子给她住!"

长公主一听喜笑颜开,跑到刘启跟前把这事儿说了一遍,末了提出要与弟弟结亲。刘启乐得亲上加亲,便爽快地答应了。

陛下说话不算话

穿穿老师：

您好，我是梁王刘武，当今陛下的亲弟弟。这次给您写信，是想告诉你们一件事情。

那是去年的一天，太后请我去宫里喝酒，陛下也在。一家人一边喝酒，一边聊天，其乐融融。看得出陛下当时很高兴，喝了几杯后，对我说："弟弟啊，等我将来干不动了，我就把皇位传给你！"

听了这话，我真是又惊又喜，赶紧谢恩。太后也很高兴，还笑眯眯地夸了陛下几句，说我们兄弟和睦。可是这才过了一年，陛下就把说过的话忘得一干二净了，最后立自己的儿子刘荣为太子，把我抛到九霄云外去了。

说好的立我为太子呢？说好的把皇位传给我呢？陛下这样出尔反尔，是不是太不厚道了？

梁王　刘武

梁王殿下：

您好。大家都知道，您是窦太后最小的儿子，太后平时最疼的就是您了。可要是因为这样，您就觉得自己有机会坐上龙椅，那可就大错特错了。

陛下说要把皇位传给你，不过是酒后的几句玩笑话，为的是哄太后开心，不可当真哦。当然啦，假如陛下没有儿子，您倒可以指望指望，可您不想想，当今陛下有十四个儿子呢！无论传位给哪一个，都轮不到梁王您呀！

所以您还是赶快把这个念头打消了吧，免得引火上身。

《穿越报》编辑　穿穿

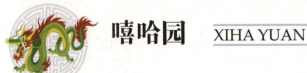

BAIXING CHAGUAN 百姓茶馆

薄皇后主动退位了

特大新闻,特大新闻,薄皇后主动退位啦!

宋小二

赵先生

唉,当年薄皇后嫁给陛下的时候,陛下还只是太子。后来陛下登基了,薄皇后便由太子妃晋升为皇后。想不到他们二十多年的夫妻情分,到头来还是断了。有谁知道薄皇后为什么退位吗?

还不是因为没有儿子!陛下一共有十四个儿子,可没一个是薄皇后生的,而且陛下也不喜欢薄皇后,在这种情况下,薄皇后只能选择退位啦!

余书生

董掌柜

陛下不喜欢薄皇后,是因为薄皇后不是陛下自己要娶的,而是陛下的祖母、当时的薄皇太后指给他的。当年薄皇太后为了让娘家的女儿当上皇后,把薄皇后嫁给了陛下,可谁又能料到今天这样的结果呢?

名人有约 MINGREN YOU YUE

越越 大嘴记者

刘启 特约嘉宾

嘉宾简介：刘启是汉文帝的儿子，也是历史上鼎鼎有名的汉景帝。景帝在位期间，励精图治，勤俭治国，发展生产，削减诸侯封地，平定七国之乱，和文帝共同开创了一个"文景之治"的太平盛世。

越　越：陛下您好，前几年国家发生了一场大叛乱，被称为"七国之乱"，您能具体跟我们说说吗？

刘　启：嗨，这都是削藩引起的。我爷爷高祖皇帝开国之后，一口气封了好多刘姓的王。给子孙多多加封，这本来不是什么坏事，可到了我这一代，弊端就显露出来了。那些诸侯一个个仗着兵强马壮，根本不把朝廷放在眼里，我实在是苦恼得很呢。

越　越：所以您就决定削藩，削减那些诸侯的土地？

刘　启：这事儿最开始是晁（cháo）错建议的，我觉得挺好，就批准了。

越　越：那后来呢？怎么打起来了？

刘　启：唉，那些诸侯一听要削藩，一个个都不肯干了。尤其是吴王刘濞（bì），第一个站出来跟我作对。他找来另外六个诸侯结成联盟，打着"诛晁错，清君侧"的旗号起兵造反了！

越　越：咦，既然是"诛晁错，清君侧"，那他们还是站在陛下您这边的呀，怎么说是造反呢？

刘　启：你太天真了，你以为他们的目标真的只是晁错吗？

越　越：难道不是？

刘　启：刚开始我也这么认为，为

名人有约

了安抚他们，就把晁错杀掉了。谁知晁错死了，他们却还不肯退兵。

越　越：啊，我明白了，诛晁错只是借口，他们真正的目标应该是陛下您，或者说是您的皇位，对吧？

刘　启：非常正确，其实刘濞那帮人早就想反了，正好趁这次机会大肆起兵。

越　越：那陛下您是怎么应对的呢？

刘　启：当然是镇压，我就让太尉周亚夫和大将窦婴前去平叛。周亚夫说，叛军气焰太盛，强攻的话，恐怕难以取胜，不如把梁国丢给他们，牵制住他们的兵力，再绕到叛军的背后，切断他们的粮道。叛军没了粮食，自然不战而败。

越　越：梁国？呀，那不是梁王的封地吗？

刘　启：是啊，怎么了？

越　越：梁王可是太后最疼的儿子呢，陛下把梁国丢给叛军，万一梁王有个三长两短，陛下可怎么向太后交代啊？

刘　启：这也是没办法的事情，凡事要以大局为重嘛。不过还好，梁王没有辜负我的期望，抵挡住了叛军的进攻，为这次平叛立下了汗马功劳。

越　越：（放低声音）陛下，其实您是不是想趁这个机会杀掉梁王呢，免得他一直对皇位虎视眈眈的？

刘　启：一派胡言！

越　越：陛下息怒，我也是听别人说的，嘻嘻，您可别放在心上呀！

刘　启：哼，这次暂且饶你一次，好了，我累了，你退下吧。

越　越：陛下，采访还没完呢，哎，陛下，陛下……（被侍卫强行拖下去了）

广告铺

出售无足食案

本店现有一批上乘的无足食案出售,有木质的,铜质的,石质的,陶质的等,材质众多,可供大家尽情挑选。

李家商铺

严惩亡命之徒

凡是我大汉百姓,都要在国家户籍册上登记姓名、籍贯。登记之后,百姓不得随意迁徙,对于非法迁徙者,一经发现,严惩不贷!

刘启

对杜小春的批评公告

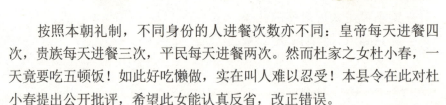

按照本朝礼制,不同身份的人进餐次数亦不同:皇帝每天进餐四次,贵族每天进餐三次,平民每天进餐两次。然而杜家之女杜小春,一天竟要吃五顿饭!如此好吃懒做,实在叫人难以忍受!本县令在此对杜小春提出公开批评,希望此女能认真反省,改正错误。

胡县县令

穿越报
CHUANYUE BAO

第 2 期
公元前150年——公元前140年

太子争夺战
汉景帝卷

【烽火快报】
- 太子刘荣被废了

【绝密档案】
- 废太子背后的故事

【叱咤风云】
- 梁王与王美人的PK
- 周亚夫要造反?

【名人有约】
- 特约嘉宾:刘彻

【广告铺】
- "郡守"改名"太守"
- 买瓜果,来东市
- 关于王巧巧休夫案的判决

穿越必读 CHUANYUE BIDU

　　在王美人的设计下,汉景帝废掉了太子刘荣,紧接着,便是一场惊心动魄的太子争夺战。其中最有力的两个竞争选手,一个是景帝的弟弟梁王,另一个是王美人的儿子刘彘,那么,到底谁能获得最后的胜利呢?

烽火快报 FENGHUO KUAIBAO

太子刘荣被废了

——来自皇宫的加密快报

来自皇宫的加密快报！

公元前150年正月，皇宫里一片肃杀之气，原来就在前几天，刘启一怒之下，把太子刘荣给废了，降为临江王。

奇怪，太子犯了什么错，惹皇帝生这么大气？

说起来，太子也冤枉，因为惹皇帝生气的不是他，而是一个大臣。

该大臣给皇帝写了封奏章："陛下，常言说得好，'母以子贵，子以母贵'，如今栗姬的儿子被立为太子三年了，陛下应该立她为皇后才对。"

刘启看了奏章后，火冒三丈："这是你该管的事情吗？"当即把大臣杀掉了，接着把太子刘荣也废掉了。

有人还是想不通，不就是一封劝立栗姬为皇后的奏章吗，怎么惹刘启生这么大气？

原来，刘启认为，一个大臣若是劝立皇后，背后一定有人指使，而这个指使者不是别人，必定是栗姬！

于是刘启怒了：好你个栗姬，就这么迫不及待想当皇后嘛！我偏不让你如意，我还要废掉你的儿子，让你想都不要想这好事！

就这样，太子刘荣因为受到母亲的牵连，被无情地废掉了。

废太子背后的故事

对于废太子一事,人们还有很多疑问,比如,刘启为什么对栗姬想当皇后一事这么反感?还有,那封奏章真的是栗姬指使人写的吗?现在就让记者为您揭开真相。

其实,刘启原本是打算立栗姬为皇后的。那一年刘启生了重病,随时有生命危险,他心里放心不下皇子们,就对栗姬说:"栗姬啊,我的儿子们以后就托你照顾了。"

刘启的意思很明显,已经准备立栗姬为后了。

可栗姬呢,没有听出刘启话中的意思,一听要她照顾皇子,心里很不乐意:"我又不是老妈子,凭什么要我照顾!"

刘启气得转身就走,背后隐隐传来栗姬的叫骂声,说刘启是"老狗"!刘启差点没气晕过去,从此就打消了立栗姬为后的念头。

由于刘启迟迟不立皇后,嫔妃们都有些蠢蠢欲动,其中最着急的是王美人。不过跟栗姬比起来,王美人的手段要高明得多。她决定先试探试探刘启。

王美人找来一个大臣,暗中指使他向皇帝奏请,立栗姬为后。刘启本来就已经很厌恶栗姬了,如今又见她为了当皇后而"勾结"外臣,一怒之下,便把太子给废掉了。

栗姬有个兄长叫栗卿,见太子被废,便跳出来为妹妹和外甥喊冤,刘启余怒未消,把栗卿也杀掉了。

再说栗姬,儿子被废,亲人被杀,一连串打击使她气得发了疯,没过多久也死掉了。

梁王与王美人的PK

刘荣被废了，刘启的身体日趋衰弱，大汉王朝急需一个新太子，那么，这个幸运儿会是谁呢?

梁王对此信心满满，因为他有窦太后的支持。当初立刘荣为太子时，窦太后就老大不高兴，如今好不容易等到刘荣被废，窦太后一定要为小儿子争取到这个储君的名额。

王美人也想参与到竞争中去，而且她也有一个坚强的后盾——长公主刘嫖。可仔细一想，长公主与窦太后比起来，似乎差了不是一点半点，因此王美人很沮丧。

而刘启呢，虽然很不情愿将皇位让给弟弟，可他是个孝顺的孩子，不愿违抗母亲的意思，只好把这事儿丢给大臣们去讨论。

大臣们讨论来，讨论去，最后一致认为，十四个皇子里面立谁都行，就是不能立梁王！其中反对最坚决的是老臣袁盎。

为了说服窦太后，袁盎举了个例子：春秋时期，宋宣公临死的时候，没把皇位传给儿子，却传给了弟弟，说："父死子继，兄死弟及。"弟弟非常感激，临死前，又将王位传给了宋宣公的儿子。可这样一来，就出现了两支王室血脉。两脉你争我抢，天天混战，搅得宋国几代不得安宁。

叱咤风云

听了这个故事，窦太后沉默了，从这以后，再也不提立梁王的事。

没了窦太后的支持，梁王彻底没戏了，可他不甘心，认为这都是袁盎那群人搞鬼，就派了一些刺客去京城，把袁盎等十几个大臣通通杀掉了。

刺杀朝廷大臣，这可不是闹着玩儿的。刘启勃然大怒，下令严查凶手，梁王也知道捅了马蜂窝，吓得赶紧去京城负荆请罪。刘启虽然恼火，但看在兄弟一场的份上，还是赦免了梁王，将他赶回了封地。

从此以后，兄弟两个恩断义绝！

为了防止这类事件重演，刘启不再犹豫，立刻在众皇子中寻找合适的人选。选谁好呢？王美人的儿子刘彘机智伶俐，气宇不凡，有当皇帝的潜质，就他好了。于是在这场PK赛中，最终以王美人获胜而告终。

刘启还给小刘彘改了名字，叫刘彻（汉朝的"彘"与"彻"发音相近，而"彻"有聪慧灵巧的意思）。

就这样，一场场风云变幻的政治斗争，将原本不可能当上太子的小刘彻送上了太子之位。

哈哈……
我赢了！

嘻哈园 XIHA YUAN

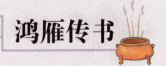

前太子的求救信

穿穿老师：

您好。自从我被废之后，我就知道太子的荣耀已经离我而去了，因此我只想在封地好好生活，可没想到还是闯了祸。

事情是这样的：前不久我心血来潮，想扩建一下宫殿，一不小心修到了建祖庙的地方，把外围给占了。我本以为这不算什么事儿，谁知被人告到了父皇那里。父皇很生气，召我回京受审。

临走那天，我刚坐上马车，车轴就断了。这是个不祥的预兆，百姓们都说："我们的王再也回不来了。"

我心里很害怕，但仔细一想，不管怎么说，我也是陛下的亲生儿子，应该不至于为这点事杀了我吧。等见了父皇，我多多磕头谢罪就是了。可没想到的是，进京之后，他们根本就不让我见父皇，直接把我送进了中尉府审讯。

主审官叫郅（zhì）都，是个很凶的酷使。我被他吓坏了，想给父皇写封信，他都不让。现在这封信是我好不容易才托人带出来的。

穿穿老师，我好害怕，您能救救我吗？

临江王　刘荣

临江王殿下：

您好，我很同情您的遭遇，但对此无能为力，因为要抓你、审你的都是陛下，就连郅都也是陛下安排的。不过请放心，如果陛下念及父子亲情，应该很快就会放您出去的，祝您好运。

《穿越报》编辑　穿穿

【不久后传来消息，刘荣的老师窦婴偷偷为他送去刀和笔，刘荣给父皇写了一封谢罪信后，便引刀自杀了。】

百姓茶馆 BAIXING CHAGUAN

临江王是皇帝逼死的？

临江王好可怜啊，听说还只是个十几岁的孩子呢，又没犯什么大错，硬是被吓得自杀了，陛下一定后悔死了。

王大叔

卖菜小贩

陛下才不会后悔呢。你想想，陛下为什么不愿意见临江王，为什么安排酷吏郅都去审问他，很明显，陛下本来就想要临江王死。

不会吧，临江王好歹是陛下的亲生儿子，陛下不会这么狠心吧。

唐家小姐

茶馆小二

这你就不知道了吧，临江王是前任太子，虽然被废了，可背后的势力也不小呢，一旦造起反来可不得了。陛下为了国家安定着想，所以就一不做，二不休，干脆把这个儿子除掉了。

唉，这帝王家的事儿啊，是我们老百姓无法理解的。不管临江王怎么死的，总之事情已经过去了，你们就别在这说三道四啦，免得被人听见，惹来杀身之祸。

路人甲

周亚夫要造反？

不知大家是否还记得平定过"七国之乱"的丞相周亚夫，公元前143年，一个消息传来，周亚夫因为企图造反，被收押审查了。

这是怎么回事儿呢？

原来，周亚夫是文帝留下来的老臣，文帝非常倚重他，临死前叮嘱太子刘启说："周亚夫这个将军可以用，以后你遇到什么麻烦，可以放心去找他。"

再说周亚夫这个人，他的确很会打仗，也很有才干，只是性子太直，经常得罪人，而且他得罪的偏偏是这世上最不能得罪的人——皇帝。

当初刘启废太子的时候，别的大臣见皇帝正在震怒中，都不敢吭声，偏偏周亚夫跳出来反对，说太子没犯大错，不能废。

周亚夫说这样的话，完全是出于一番忠心，因为他既不是太子党，也与太子没什么私交，只是就事论事而已。

刘启却很不高兴，在他看来，周亚夫这是倚老卖老，与他唱反调，打这以后，就不怎么待见这位老臣了。

叱咤风云 CHIZHA FENGYUN

可周亚夫却不自知，仍旧与皇帝对着干。

刘启立完新太子后，又立王美人为皇后，不久后又要封王皇后的哥哥王信为侯。

周亚夫又出来反对了，说："高祖皇帝说过：'非刘家子孙不得称王，非有功者不得封侯，谁敢违反，天下共击之。'王信虽然是皇后的哥哥，可这算不上什么功劳，所以不能封侯！"

一席话把刘启说得哑口无言。

后来又发生了一件事，使刘启和周亚夫彻底闹掰了。大家都知道，匈奴一直与大汉不和。这一年，竟有五位匈奴将领向汉朝投降，刘启大喜，为了鼓励更多匈奴人投降，决定给这五位将军封侯。

不出所料，周亚夫又来反对了，说："对匈奴人来说，这只不过是一群叛徒，陛下却把他们当宝，还封他们为侯，这让人以后还怎么去责难那些不忠之人？"

刘启强忍住怒气，冷冷地回了一句："不劳丞相费心。"最终坚持给匈奴人封了侯。

周亚夫气坏了，从此赌

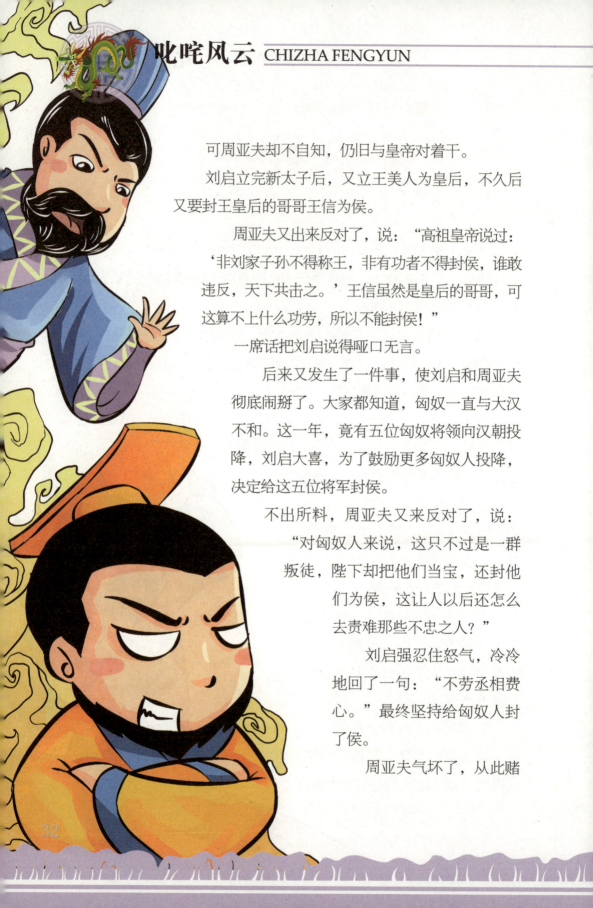

叱咤风云
CHIZHA FENGYUN

气装病不上朝。刘启也来了火气，不但批了他的病假，顺便把他丞相的职务也撤了。

从这以后，周亚夫只好闲在家里养老。他的儿子非常孝顺，见父亲打了一辈子仗，如今年老体衰，再也没机会上战场了，就托人买了五百副铠甲，准备将来给父亲殉葬。谁知这事儿被人告到皇帝那里，说周亚夫私藏兵器，图谋造反！刘启立刻叫人去查。

主审官厉声问周亚夫："说，你是不是想造反？"

周亚夫说："我买的铠甲是殉葬品，怎么能叫造反？"

主审官蛮不讲理地说："你即便不在地上造反，也要在地底下造反！"说完就把周亚夫关进了大牢。

周亚夫又羞又恼，在牢里绝食五天，吐血身亡。

一代名将竟然被活活饿死，这引发了不少人的叹息。有人说，刘启心里其实很明白，周亚夫是不会造反的，但他不放心将周亚夫这种"不听话"的大臣留给小太子，所以就找了个借口，把周亚夫整死了。

千古奇冤呐！

名人有约 MINGREN YOU YUE

越越 大嘴记者

刘彻 特约嘉宾

嘉宾简介：刘彻，原名刘彘，是王美人与汉景帝所生的儿子。他原本只是个不起眼的十皇子，却因为攀上长公主的权势，再加上一系列的宫廷斗争，幸运地被送上了太子之位。刘彻，就像他的名字一样，聪明灵巧，有远见卓识，且被景帝寄予厚望。

越　越：太子殿下，您好，请问您最近都在忙些什么呀？

刘　彻：主要是读书。

越　越：噢，都读些什么书呢？

刘　彻：嗯，主要读《诗》《书》《礼》《乐》《易》《春秋》，还有《论语》等。

越　越：看来是以儒家文化为主啊，那您的老师是谁呢？

刘　彻：卫绾（wǎn）和王臧。

越　越：原来是当今有名的两位儒学大师啊，怪不得专门教您儒家文化。请问您学了这么久的儒学，有什么心得吗？

刘　彻：嗯，儒学教我们遵守礼仪，孝顺父母，是一门很不错的学问。

越　越：看来太子殿下学得很不错哟！除了读书，您平时还忙些什么呢？

刘　彻：骑马，射箭。

越　越：哦？那您骑马、射箭的时候是一个人，还是和其他皇子们一起呢？

刘　彻：（皱眉）其他皇子？不，我不跟他们一起玩。我做太子之前，他们老瞧不起我，我一点也不喜欢他们。我有一个侍读叫韩嫣，我只喜欢跟他玩，我们一起读书写字，一起骑马射箭，是最好的朋友。

越　越：韩嫣？这名字听起来好耳熟啊，他跟开国大将韩王

名人有约 MINGREN YOU YUE

信有什么关系吗?

刘 彻: 他是韩王信的曾孙。

越 越: 是这样啊,不过我听说韩王信后来投降匈奴了,还领兵攻打过大汉呢,高祖皇帝为这事儿差点没气死。

刘 彻: 是的,不过到我爷爷文帝登基的时候,韩王信的儿子,也就是韩嫣的爷爷又回来了。

越 越: 所以韩嫣才能成为您的侍读,对吧?对了,太子对匈奴人怎么看?

刘 彻: 匈奴人很坏,老是欺负我们,可我们还要忍气吞声,跟他们搞好关系。我五岁那年,父皇把我二姐南宫公主嫁给了匈奴人,从那以后,我就再也没见过她了(眼圈儿红了)。

越 越: 那将来您登基后,打算怎么对付匈奴人呢?

刘 彻: (捏起拳头)狠狠地揍他们,揍到他们不敢再惹我们为止!

越 越: 太子殿下真有志气。对了,您平时还有什么别的活动吗?

刘 彻: 父皇召见大臣的时候,常常叫我在一旁观察,学习怎么做一个好皇帝。对啦,前几天我还审理了一桩案件呢。

越 越: 呀,这可得跟我们说说。

刘 彻: 事情是这样的:有一个叫防年的人,他的后妈杀了他父亲,防年为了替父亲报仇,把后妈杀了。按照法律,防年弑母,应该判处极刑。可父皇觉得不妥,就把我叫去,问我该怎么判。

越 越: 那您是怎么回答的?

刘 彻: 我说,后母之所以如同生母,是因为父亲的缘故。现在后母杀了生父,那防年与后母的关系就断绝了。所以这只是一桩普通的杀人案,不应该判处犯人极刑。后来,父皇听了我的建议按一般杀人罪处罚了防年。

越 越: 哇,想不到太子殿下小小年纪,竟然有这般见识,将来一定是个明君。

刘 彻: 嘻嘻,记者过奖啦!

广告铺

"郡守"改名"太守"

郡守，是一郡最高的行政长官，但朕近日觉得，"郡守"二字似乎还不够分量，不能充分体现长官的崇高地位，因此决定将"郡守"改为"太守"，特此昭告天下。

刘启

买瓜果，来东市

东市瓜果场有来自全国各地最好的瓜果：安平的枣，中山的栗，魏郡的杏，真定的梨等。保证价钱公道，好吃又实惠，大家快来买吧！

东市瓜果场

关于王巧巧休夫案的判决

关于长利县民妇王巧巧休夫一案，本县令现判决如下：王巧巧的丈夫高小二品行不正，贪杯好赌，且屡劝不改。因此王巧巧可自行离去，从此二人再无瓜葛。

长利县县令

（编者注：汉朝女子地位较高，假如丈夫品行不端，或患有恶疾，或家中贫穷，女方都可提出离婚。）

穿越报
CHUANYUE BAO

第 3 期
公元前141年—公元前139年

新帝上任三把火

汉武帝篇

【烽火快报】
- 太子登基了

【叱咤风云】
- 董仲舒的五条建议
- 窦婴：守得云开见月明
- 诙谐滑稽的东方朔

【名人有约】
- 特约嘉宾：刘彻

【广告铺】
- 吃饭礼仪
- 定年号为"建元"
- 告诫各位学子

【智者为王】
- 第1关

穿越必读 CHUANYUE BIDU

武帝有着雄心壮志，刚一登基，便在全国大肆选拔人才，进行了一系列的改革。由于武帝初年的年号是"建元"，这场改革便被人们称为"建元新政"。

烽火快报 FENGHUO KUAIBAO

太子登基了
——来自皇宫的加密快报

来自皇宫的加密快报！

公元前141年正月,一个不幸的消息从皇宫传来:皇帝刘启驾崩了!随后,太子刘彻顺理成章地登了基。才刚刚十六岁的他,就像当初的预言一样,如一轮光辉灿烂的旭日,从东方冉冉升起。

很多人都说,这位少年天子很幸运,因为如今天下安定,四海升平,再加上前两任皇帝励精图治,为子孙积攒了一份庞大的家业:仓库里的粮食多得吃不完,都快要烂掉了,国库里的钱多得花不完,连串钱的绳子都断掉了。大家都说,有这样坚实的经济后盾,新天子一定能有一番大作为。

果然,没过多久,这位少年天子就在全国大肆选拔人才,不论出身门第高低,不论富贵贫穷,只要是贤良有才,直言敢谏的人,一经地方推举,统统都能做官。

据说,小天子还准备亲自"面试"这些人呢。这场别开生面的面试一定十分精彩,让我们拭目以待吧!

董仲舒的五条建议

这是一个艳阳高照、晴空万里的好日子，这一天，大汉的新天子刘彻举办了一场规模宏大的面试。而这次面试的对象，是一百名从全国各地推选出来的杰出人才。

在这场大规模的"海选"中，表现得最出彩的是一位叫董仲舒的四十多岁的儒士。他一共提出了五条建议。

一、改革制度。

新皇登基后，往往要进行一系列制度改革。董仲舒认为，这场改革要从仪式改起，具体包括两点：改历法和改服色。这项改革措施用来树立君主的威严，表明刘彻称帝是顺应天命的事情，是被老天选中的真命天子。

二、一统天下（这里主要针对的是匈奴）。

从高祖时代起，匈奴人就不断骚扰汉朝百姓，隔三差五就来边境抢夺粮食和牛羊。高祖皇帝气得鼻孔冒烟，可又不敢贸然发兵，因为长达五年的"楚汉争霸"才刚刚过去，国家百废待兴，一旦打起仗来，对百姓来说又是一场深重的灾难。

于是高祖只好采用"和亲"的政策，将汉朝的公主嫁给匈奴首领，和匈奴结成亲家，再送一些金银财宝过去，匈奴人这才消停了点，后来文景两朝都是这样。可如今不同了，经过文景二帝辛勤的治理，国家日益繁荣，兵强马壮，匈奴要是再敢前来捣乱，就让他们好看！

三、兴办太学，选拔人才。

在这个没有科举的时代，怎样选拔人才成了国家的大难题。世袭选出来的大多是些纨绔子弟，靠伯乐，可伯乐比千里马还少呢。所以董仲舒建议，每两年举行一次人才选拔大赛，在全国广大儒生中进行"海选"。

还有，全国各地的官员每年要向朝廷举荐两名人才，这是强制性的。举荐得好，有赏赐；举荐得不好，要惩罚。

除此之外，还要兴办太学（国家最高学府，只在京城设立），大量培养优秀人才。

四、罢黜百家，独尊儒术。

董仲舒认为，除了儒学中的《诗》《书》《礼》《乐》《易》《春秋》这六经外，其他乱七八糟的书就不要碰了，免得毒害广大读书人的身心。由于儒家思想非常有利于教化百姓，巩固皇帝的统治，所以刘彻很高兴地接受了这条建议。

五、更化，就是要根据国家的发展状况，及时做出相应的变革。

董仲舒提出的这五条建议，都是有利于汉朝巩固统治、蓬勃发展的好点子，刘彻全都虚心接受了，并将董仲舒任命为江都相。

HONGYAN CHUAN SHU 鸿雁传书

朝廷为什么罢免我？

穿穿老师：

　　您好，我叫卫绾，刚刚被免去了大汉丞相的职务，而罢免我的原因是：当年先帝病重时，我没有认真地审查刑事案件，导致一些人蒙受了冤屈。作为一国的丞相，这是我重大失职之处。

　　虽然我年纪大了，也到了该回家养老的时候，就算被罢官了，也没什么好遗憾的，可我有一点想不通：前朝的事情，为什么到现在才追究？而且就算追究起来，也不至于直接将我撤职呀！所以我怀疑，这其中另有隐情，是不是我最近得罪了什么人，或是做错了什么？穿穿老师，您能帮我分析分析吗？

卫绾

卫绾大人：

　　您好，您猜得没错，您的确是得罪了人，而且得罪的不是一般人，是咱们大汉朝的太皇太后！据我所知，最近您为陛下推举了很多儒学大师，可当今太皇太后信奉的是"黄老学说"（编者注：其是以黄帝、老子为尊的一种思想），而且极度厌恶儒学。您作为丞相，不向朝廷推荐黄老之学中的佼佼者，却大肆推荐儒生，这不摆明和太皇太后对着干吗？

　　当然啦，我们也知道，您这样做是为了响应陛下"罢黜百家，独尊儒术"的政策。如今陛下要发扬儒学，太皇太后却信奉黄老之学，您夹在这两人中间，的确很不好做啊！所以，我觉得回家养老对您来说也未必不是一个好归宿，您说呢？

《穿越报》编辑

叱咤风云 CHIZHA FENGYUN

窦婴：守得云开见月明

公元前140年的夏天，丞相卫绾因"失职"被罢免，接着，魏其侯窦婴坐上了丞相的位置。人们纷纷说："窦婴总算是守得云开见月明啦！"咦，这话是什么意思呢？

原来，窦婴虽然是窦太后的亲侄儿，可由于天生一副公子哥儿脾气，任性放肆，所以在景帝时期起起落落，最终也没能得到重用。

还记得当初，窦太后举办家宴，宴会上只有太后、景帝、梁王和窦婴四人。景帝喝得一时兴起，说将来要把皇位传给梁王，逗得窦太后眉开眼笑，而这时窦婴却站出来"泼了一盆冷水"。他端了一杯酒献给景帝，说："皇位自古以来都是父子相传，陛下怎能擅自让给梁王？"

窦太后一听，立刻黑下脸来，自那以后，就不怎么待见窦婴了。

窦婴见姑姑对自己的态度来了个一百八十度大转弯，也是一肚子委屈，一气之下，称病辞职了。

窦太后更生气了，取消了窦婴自由出入皇宫的特权。

就这样，姑侄两个相互赌气，谁也不理睬谁。

直到七国之乱爆发，景帝情急之下找人镇压，发现除了周亚夫，就只剩窦婴这员老将了，于是任窦婴为大将军，命他出战。

可窦婴这时还在跟姑姑赌气，便说自己生病了，死活不肯

叱咤风云

出征。前方战事紧急，可窦婴这公子哥儿还在生气，景帝头都大了，只好又哄又骗，最后总算把窦婴送上了战场。

七国之乱结束后，窦婴立下了赫赫战功，景帝便让他做了太子的老师，可不巧的是，没过多久，太子就被废了，窦婴作为太子的庇护人，多次据理力争，可都不见效。窦婴一气之下，又开始装病不上朝，还跑到南山上休养去了。无论别人好说歹说，他就是不肯下山。最后还是一个门客点醒了他："窦婴大人啊，您要知道，让您享有富贵的是皇帝，让您享有权势的是太后，如今您罢朝退隐，不是跟皇帝、太后过不去吗？万一陛下火了，杀您全家还不是一句话的事……"

窦婴心里一惊，赶紧收拾收拾，乖乖上朝去了。

再说景帝，见窦婴灰溜溜地跑回来，嘴上虽然没说什么，心里却想：这个窦婴如此任性，果然是不堪大任！

后来丞相刘舍被罢免，窦婴满以为自己能接任丞相的职位，就连窦太后也帮他说话，可却被景帝一口否决了。最后，景帝选择了车夫出身的卫绾。

窦婴气得都要吐血了！

不过现在好了，景帝驾崩了，小皇帝刘彻一即位，就罢免了卫绾，将这位德高望重的表叔送上了丞相的位置，同时任命舅舅田蚡（fén）——王太后同母异父的弟弟为太尉。

有人向本报记者透露说，窦婴和田蚡都是儒学爱好者呢。这下好了，正好这时刘彻听了董仲舒的建议，准备"罢黜百家，独尊儒术"，如今君臣一心，其利断金，还有什么干不成的事情呢？

43

嘻哈园 XIHA YUAN

CHIZHA FENGYUN 叱咤风云

诙谐滑稽的东方朔

新帝登基后，招揽了不少人才，其中有个叫东方朔的人非常有名，不但才华横溢，而且还非常幽默。

起初，东方朔认为自己才华横溢，品学兼优，应该得到国家的重用，就跑到长安来求官。可他等啊等，等了好久，也不见有人推荐他，就主动给刘彻写了一封信，把自己吹得天花乱坠。

我叫东方朔，十三岁开始读书，只用三年，就学到了足够用的文史知识。我十五岁开始学剑，十六岁学《诗》《书》，一共读了二十二万字。十九岁学兵法，也读了二十二万字，加在一起就是四十四万字。我今年二十二岁，身高九尺三寸，眼睛像珠子一样闪闪发亮，牙

> 我从小熟读诗书，是大学问家！

叱咤风云 CHIZHA FENGYUN

> 为何吓唬那些侏儒们呐?

齿像贝壳一样洁白无瑕。我勇猛得像孟贲,敏捷得像庆忌,和鲍叔一样廉洁,跟尾声一样讲信义。像我这样完美的人,应该够资格做陛下的臣子吧。

据说,东方朔的这封信洋洋洒洒,足足用了三千片竹简,得两个人抬进宫里去,刘彻花了整整两个月时间才看完,然后哈哈大笑,心想:这个人这样自吹自擂,可真有趣。于是让他在公车署里待召。

东方朔等啊等,又等了好久,还是没等到皇帝的召见,心里很不高兴。刚好这时,公车署里住了一群养马的侏儒。东方朔就对他们说:"你们快死了!"

侏儒们被他唬住了,赶紧问为什么。

东方朔说:"你们这些人啊,既不能种田,又不能打仗,每天除了白吃白喝,什么用处都没有!皇帝为了节省粮食,准备把你们杀掉!"

侏儒们一听,都吓哭了:"那该怎么办才好?先生一定要替我们出出主意呀!"

叱咤风云
CHIZHA FENGYUN

东方朔说:"这样吧,等陛下出行的时候,你们拦住车马,磕头求饶,陛下一心软,说不定就会留你们一条小命。"

侏儒们听了,真的拦下刘彻的车马,一个个跪地求饶,哭成一片。

刘彻莫名其妙,仔细一问,才发现是东方朔在搞鬼,就把他叫来,责问道:"你干吗吓唬那些侏儒?"

东方朔装出一副委屈的样子,说:"陛下,那帮侏儒身高三尺,每月的工资是一袋粟米,二百四十个钱;我东方朔身高九尺还不止,每月的工资也是一袋粟米,二百四十个钱。侏儒们一个个撑得要死,我东方朔却饿得要命。所以呢,陛下要是不用我,就放我回去算了,免得小臣白白浪费京城里的粮食。"

刘彻听了哈哈大笑,不久便拜东方朔为侍郎,让他跟随左右。

陛下,就赐我个一官半职吧!

名人有约 MINGREN YOU YUE

越越 大嘴记者

刘彻 特约嘉宾

嘉宾简介：他十六岁登基，是一位名副其实的少年天子。他虽然年纪不大，但却野心勃勃，刚一登基，便采纳董仲舒的建议，罢黜百家，独尊儒术，设立太学，消除弊政，在全国范围内进行了一系列的改革，史称"建元新政"。

越　越：陛下您好，据我所知，自从高祖皇帝建国起，咱们汉朝一直尊崇的是黄老学说，怎么突然改成尊崇儒学了呢？

刘　彻：这个问题问得好，你知道当初为什么要推崇黄老学说吗？

越　越：这个……就要向陛下您请教了。

刘　彻：告诉你吧，那会儿天下刚刚稳定，国家穷得要命。举个例子，当时高祖皇帝想给御车配四匹毛色一致的马，可找遍全国上下都配不齐。大臣们连马车都没得坐，只能坐牛车。皇帝和大臣都这么穷，普通老百姓就更别说了。在这种情况下，国家急需休养生息，而黄老学说主张清静无为，不干扰百姓，让百姓自由耕种，发展经济，这与当时的政治状况刚好相符。

越　越：原来是这样。

刘　彻：是啊，这几十年发展下来，咱汉朝眼看着一步步走向富强，很不容易啊！

越　越：既然这样，陛下为什么不继续奉行黄老学说呢？

刘　彻：你真笨，你没看到现在局势不同了吗？国家富强了，诸侯与百姓也有钱了，那些诸侯国一个个兵

MINGREN YOU YUE 名人有约

强马壮,还能任由他们继续壮大下去吗?还有那些地主、富商,一个个勾结官府,欺压百姓,能任由他们胡作非为吗?

越　越:哦,我明白了,黄老学说"清静无为"的思想已经不适合现在的情况了,所以必须被淘汰,对吧?

刘　彻:对。

越　越:那为什么偏偏是儒学,而不是法家、道家学说或是其他学说?

刘　彻:因为我觉得在这些学说中,儒学是最好,也是最适合我们大汉国情的。儒学提倡"天人合一",让人与自然变得更加和谐。其还讲究"仁义礼智信",百姓们学了儒学,便能成为一个道德崇高、遵纪守法的人,这样国家也会变得更加安定。

越　越:原来是这样,不过我还是有一点想不明白,儒学虽然好,可也没必要限制其他学说的发展呀,百家争鸣,百花齐放不是更好?

刘　彻:百家争鸣,百花齐放,听起来是不错,但其实是万万不可行的。一个国家必须要有一个主流思想,这样民心才会齐,只有民心齐了,国家才能稳定发展。要是大家各奉其主,各怀心思,国家就会像一盘散沙,这个道理你明白吗?

越　越:我明白,可我还是觉得"罢黜百家,独尊儒术"的做法不太妥。也许暂时看不出什么弊端,但时间长了,诸子百家俱废,儒学一家独大,这样会不会阻碍学术的发展?而且,如果每个人说话、做事都遵从孔夫子的思想,没有自己的思想和主张,不会太沉闷无趣吗?

刘　彻:百姓就是要听话,才好统治。越越,我说你一直反对"罢黜百家,独尊儒术",是不是有什么企图呀?难道你不想我们大汉朝安定团结吗?

越　越:陛、陛下,我不是这个意思。(装模作样看看外面)啊,打雷了,下雨了,我得回家收衣服了,陛下再见,咱们改天再聊。

广告铺

吃饭礼仪

和尊长一起吃饭,要等尊长开动了才能举筷,等尊长吃完饭才能停止,切不可抢在尊长之前。吃饭时,要小口地吃,咀嚼、吞咽都要快,万万不可把饭粒和汤洒得满桌都是。

《礼记·少仪》节选

定年号为"建元"

朕新登基,普天同庆,特将年号定为"建元",钦此。

刘彻

(编者注:"建元"是中国历史上第一个年号,从这以后,中国历史便以年号纪元。)

告诫各位学子

告诫太学府的各位学子,你们一定要严格遵守当朝的各项礼仪。比如穿衣,不同的场合就该穿不同的衣服:祭祀时穿祭服,上朝时穿朝服,奔丧穿丧服,大婚当穿婚服,平时穿常服。切记不可乱穿,以免坏了礼仪规矩。

太学府

智者为王

ZHIZHE WEI WANG

第1关

智者无敌 王者为大

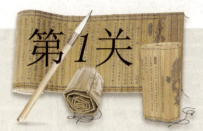

1. "金屋藏娇"是说哪两个人的故事？
2. 汉景帝立的第一个太子是谁？
3. 刘嫖和刘彻是什么关系？
4. 汉景帝真的想过把皇位传给梁王吗？
5. 薄皇后为什么要主动退位？
6. 景帝时期发生了一场藩王大叛乱，它被称作什么？
7. 刘彻的"彻"字是什么含义？
8. 周亚夫有造反吗？
9. 汉武帝登基时多少岁？
10. 人们将文、景二帝统治时期的太平盛世称作什么？
11. "罢黜百家，独尊儒术"是谁提出来的？
12. 汉朝初期信奉的是哪种思想？
13. 汉武帝亲自任命的第一个丞相是谁？
14. 儒家六经分别指的是哪六部经典著作？
15. 汉朝时期国家的最高学府叫什么？
16. 武帝时期有一位以"诙谐机智"而闻名的大臣，他叫什么？
17. "清静无为"是哪种学说的主要思想？

第 4 期
公元前139年—公元前130年

祖孙间的战争
汉武帝卷

穿越报
CHUANYUE BAO

【烽火快报】
- 太皇太后发威了

【叱咤风云】
- 窦太皇太后与黄老学说
- 闽越攻打东瓯，汉朝救还是不救？

【名人有约】
- 特约嘉宾：田蚡

【广告铺】
- 出兵闽越国
- 讣告
- 全国举孝廉诏书

穿越必读 CHUANYUE BIDU

建元新政触动了权贵的利益，遭到窦太皇太后的阻挠。一场不见硝烟的政治战争在祖孙之间悄悄上演。年轻的武帝羽翼未丰，不敢跟窦太皇太后对抗，然而，窦太皇太后的年纪却是她最大的弱点，没过几年，老太后驾崩，战争以武帝获胜而告终。

FENGHUO KUAIBAO 烽火快报

太皇太后发威了
——来自长安的加密快报

公元前139年，朝中传来一个消息，大臣赵绾和王臧双双被革职，并关进了大牢，这是怎么回事呢？

原来，对于"罢黜百家，独尊儒术"这个方针，窦太皇太后一直很反对。皇帝怕惹奶奶生气，也不敢放开手脚大干一场。大臣们见了，就替皇上抱不平，想让皇帝摆脱太皇太后的控制。

于是，前御史大夫赵绾给刘彻上了一封奏折，建议以后国家大事一律由皇帝全权处理，就不用向太皇太后报告了。

窦太皇太后知道这件事情后，火冒三丈：这不是摆明要夺她的权吗！于是气冲冲地把小皇帝找来，狠狠地教训了他一顿："看看你手下都是些什么人？就知道挑拨离间！"吓得孙子赶紧跪在地上，再三保证一定治赵绾等人的罪。

不久后，赵绾和"同党"王臧双双被革了职，关进了监狱。

不过这一切都是刘彻做给窦太皇太后看的。刘彻想等什么时候奶奶的气消了，就把二人放出来。可这点小把戏哪里瞒得过老谋深算的窦太皇太后！老太后天天催皇帝砍二人的头，赵绾和王臧一看，知道没有活路了，便在狱中自我了结了。

来自长安的加密快报！

窦太皇太后与黄老学说

根据上期的报道,我们已经知道,黄老学说在汉朝刚刚建立的几十年里发挥了重大作用,而窦太皇太后作为历经三朝的老太后,亲眼目睹了在黄老学说的作用下,汉朝怎样从刚开始的一贫如洗,渐渐发展成今天这繁荣富强的局面。因此作为黄老学说忠实信徒的窦太皇太后,是无论如何也不肯让儒学上位的。

早在景帝时期,一个叫辕固生的儒生就吃过窦太后的苦头。

大家都知道,窦太后很喜欢《老子》这本书,一天,她把辕固生叫来,问:"你觉得《老子》怎么样啊?"

辕固生生性狂妄,张口就答:"不过是些老百姓的言论罢了。"

窦太后一听气坏了,挖苦说:"是啊,它怎么比得上那些像管束犯人一样约束人的儒家诗书呢?"说完还不解气,又

> 《老子》是本不错的书!

罚辕固生去兽圈里与野猪搏斗。

这下可惨了，辕固生只不过是个手无缚鸡之力的书生，跟野猪打架，不是找死吗？幸好景帝知道了这件事，暗中派人送了一把快刀给他。

辕固生在兽圈里被野猪追得上蹿下跳，狼狈不堪，情急之下，拿出景帝给他的快刀，一刀命中了野猪的心窝，这才捡回一条小命。

打那以后，辕固生再也不敢在窦太后跟前说黄老学说的坏话了。而从这件事中，也可以看出窦太后对黄老学说的维护之心。

因此自从刘彻贯彻"罢黜百家，独尊儒术"的方针以来，窦太皇太后心里一直很不痛快，但为了不打击孙儿当皇帝的积极性，也就没有多加阻挠，只是稍微训斥了几句。

谁知刘彻越干越有劲，为了打击黄老学说的忠实拥护者，制定了两项铁腕政策。

一、把诸侯们赶回自己的封地去。命令一下，诸侯们一个个叫苦连天，帝都多繁华呀，京城多热闹呀，谁舍得离开这里，跑到那鸟不拉屎的小县城去？尤其是那些嫁了王侯的娇滴滴的公主们，如今也不得不跟随丈夫去偏远地区生活，一个个特别不乐意，于是就跑到窦太皇太后那里又哭又闹，窦太皇太后心疼子孙，把刘彻叫来又训了一顿。

二、鼓励大伙儿检举行为不端的皇亲国戚。命令一下，很多窦家人都被检举了。原来，窦家人仗着有窦太皇太后在背后撑腰，一个个专横跋扈、胡作非为，早就引起了百姓的不满。就这样，又

叱咤风云 CHIZHA FENGYUN

一批达官显贵被贬到偏远的地方去了。

眼看一波又一波黄老势力被赶出了京城，刘彻的心情是越来越好，可窦太皇太后的心情却越来越糟，正好这时，御史大夫赵绾又上奏请求夺窦太皇太后的权，这份奏章就像一根导火线，彻底把老太后心里的火药桶给引爆了，于是便有了之前的新闻。

赵绾和王臧自杀后，丞相窦婴和太尉田蚡都被撤了职。丞相换成了许昌，他是窦太皇太后的人，而太尉一职暂时空着。

这样一来，整个朝廷都被窦太皇太后控制着，基本没皇帝什么事。刘彻郁闷极了，可他年纪尚轻，又刚登基不久，还没有资格跟窦太皇太后对抗，只好选择忍气吞声，把精力都花在了游玩和打猎上。

罢黜百家，独尊儒术

闽越攻打东瓯，汉朝救还是不救？

公元前138年，汉朝的东南边境传来一个消息：闽越国要攻打东瓯（ōu）国了！

闽越国和东瓯国都是汉朝东南一带的小国，一直以来都向汉朝俯首称臣。七国之乱那会儿，东瓯王一时脑子发热，派兵援助叛军，结果叛军兵败，吴王刘濞好不容易突破重围，便逃到东瓯国躲了起来。

东瓯王这才后悔莫及，情急之下，把刘濞杀了，以此来向汉朝表忠心。

刘濞的儿子刘驹看情况不妙，急忙逃跑，一路逃到了南边的闽越国，被闽越王收留了。

刘驹在闽越国天天想着报仇，可一直没有机会。他等啊等，等了十几年，终于等到景帝驾崩，小皇帝刘彻即位。

刘驹趁机怂恿闽越王说："大王，您大展宏图的机会来了！如今汉朝的皇帝只是个小孩子，大权都掌握在窦太皇太后手里，而老太后又是半截身子埋进黄土的人了，您要是趁这个机会扩张领土，吞并东瓯国，汉

叱咤风云 CHIZHA FENGYUN

朝一定不会管闲事的。"

闽越王被说动了，立刻派出大军，向东瓯国挺进。

东瓯国本来就不如闽越国强大，又被打了个措手不及，很快兵败如山倒，国家岌岌可危。在这紧要关头，东瓯国国王派人向汉朝求援。

收到求援信后，汉朝朝廷就要不要派兵援救东瓯，举行了一场讨论会。

有人说不用救，那些小国动不动就自相残杀，朝廷哪有那么多精力去管？让它们打去吧，只要不威胁到汉朝就行。

也有人说必须救，人家小国把咱们当大哥，才派人来求援的，如果咱们撒手不管，怎么树立大国的威信？又怎么安抚其他那些小国？

这话说到了小皇帝的心坎里，刘彻当即做出决定：救，一定要救！可很快刘彻又犯愁了：派军援救东瓯，窦太皇太后一定不答应。只要老太后不点头，小皇帝就拿不到虎符，没有虎符，就无法调动军队，这可怎么办？

想来想去，小皇帝想到一个办法：会稽郡离东瓯国不远，如果只调用那里的地方军，并不动用朝廷大军，似乎也可以行得通。于是刘彻立刻命使者拿着节杖，去会稽郡调用军队。

刚开始，会稽郡守还有些犹豫：只有节杖，没有虎符，这

CHIZHA FENGYUN　叱咤风云

可没法儿发兵啊。尤其是会稽郡司马，非要见虎符不可。眼看战事紧急，使者担心再耽搁下去，东瓯国就被灭了，情急之下抽出宝剑，把郡司马给杀了。郡守一看吓坏了，赶紧交出军队。

这时，闽越王正摩拳擦掌，准备一口气把东瓯国吞到肚子里去，却听到汉朝派军援助东瓯的消息，一下子蒙了。

有个谋士趁机对闽越王说："大王，您被刘驹利用了。他分明是想借大王的兵力，为父亲刘濞报仇！大王如果继续出兵，就会与汉朝发生正面冲突。汉朝皇帝震怒之下，一定派大军来讨伐我们，到时候，咱们闽越国就完蛋啦！"

闽越王一听，吓得赶紧退兵了。

就这样，汉朝不费一兵一卒，就把闽越国给吓跑了。东瓯王被闽越国打怕了，害怕汉朝退兵后，闽越国又扑上来，于是请求把全国百姓都搬到汉朝境内，世代向汉朝皇帝称臣，刘彻答应了。就这样，东瓯国取消国号，四万多军民全部迁徙到汉朝的江淮地区，正式成了大汉的子民。

啊！我上当啦！

嘻哈园 XIHA YUAN

BAIXING CHAGUAN 百姓茶馆

窦太皇太后驾崩了

太皇太后终于驾崩了，从今以后，再也没人阻挠陛下施行各种新政策啦！相信在陛下英明的领导下，大汉一定会变得更加繁荣昌盛！

陈罗锅

书生小叶

是啊，早在去年太皇太后病重的时候，陛下就摩拳擦掌，跃跃欲试了。比如设立五经博士，就表明了陛下将"罢黜百家，独尊儒术"的政策贯彻到底的决心。（编者注：五经，即《诗经》《尚书》《仪礼》《周易》《春秋》，均是儒家经典。）

窦太皇太后一死，不但政策变了，连官员也换了一拨。像丞相许昌和御史大夫庄青翟都被陛下免了官，罪名是"治丧不力"，就是说没有将太皇太后的丧事办好。这分明是借口嘛，不过这也在情理之中，谁叫许昌他们是窦太皇太后的人呢，陛下早就看不惯他们了，一脚踢下去还算好的，没拖出去砍头已经是陛下法外开恩啦！

城南黄先生

铁匠小路

听说新任的丞相是王太后的弟弟田蚡，御史大夫是韩安国，可就是没有窦婴的名字。果然是树倒猢狲散，窦太皇太后一死，窦家的人也都失势啦！

鸿雁传书 HONGYAN CHUAN SHU

田蚡凭什么如此无礼？

穿穿老师：

您好。前几天，我去拜见了丞相田蚡。由于我姐姐刚刚去世，所以还穿着丧服。田蚡就跟我说，真可惜呀，本来想邀你去窦婴家里喝酒的，你却在服丧，去不了啊！

当时我就想，如今窦婴失势了，如果抓住这个机会，让他跟丞相搞好关系，也许能东山再起。于是我赶紧说，丞相，就算我丧服在身，也不敢谢绝您的邀请啊！于是就和田蚡说好，第二天去窦婴家喝酒。

窦婴知道后也很高兴，当晚就收拾屋子，准备酒菜，忙到半夜。谁知第二天等到日上三竿，田蚡也没来。我跑到丞相府一看，那田蚡还没起床呢。

虽然田蚡后来还是去了魏其侯家，可我心里很不痛快。这个田蚡，不把我放在眼里也就算了，竟然连窦婴也不放在眼里！有什么办法可以治治他呢？

灌夫

灌夫：

您好，久仰大名，要不是您因为犯事被免了官，也许该称您一声灌大人或灌将军呢！我知道您看不惯田蚡那副趾高气扬的嘴脸，且为窦婴鸣不平，可这有什么办法呢？如今田蚡是一人之下，万人之上的丞相，人在屋檐下，不得不低头啊！

所以，我奉劝您不要逞一时之气，得罪田蚡，这对您、对窦婴都没有好处。记住，忍一时风平浪静，退一步海阔天空。

《穿越报》编辑

【可惜灌夫没有听编辑的忠告，最终给自己招来了杀身之祸，也害死了窦婴。】

名人有约

MINGREN YOU YUE

越越 大嘴记者

田蚡 特约嘉宾

嘉宾简介：汉武帝时期的第四任丞相，爵位是武安侯，与王太后是姐弟，也是汉武帝的舅舅。这人心胸狭窄，贪得无厌，当上丞相后，便摆出一副小人得志的嘴脸，与魏其侯窦婴产生了很多纠纷，并最终害死了窦婴。

越　越：丞相您好，最近窦婴被杀一事，听说与您有关系？

田　蚡：（笑眯眯）记者可不要冤枉我哦，窦婴是被陛下杀的，这跟我有什么关系？

越　越：据我所知，窦婴是为了救灌夫而死，而灌夫又是被您弄死的，对吗？

田　蚡：哼，灌夫那个莽夫，我已经忍他很久了。

越　越：我知道灌夫在窦婴的家宴上挖苦过您，后来又发生了什么事，能跟我们说说吗？

田　蚡：呵呵，窦婴请我喝酒，不就是想巴结我吗？为了成全他，我叫他把城南的一块地送给我，谁知这老东西竟然不肯。灌夫那个家伙呢，还当场把我骂了一顿，搞得我好没面子。

越　越：那您一定会报复吧？

田　蚡：那当然，我派人打听了一下，灌夫的家人在老家是当地一霸。哈哈，这打击地主豪强一向是我大汉的基本国策，于是我就参了灌夫一本。

越　越：好家伙，这下他算是落到您手里了。

田　蚡：是啊，只可惜我也有把柄在他们手里，不能轻举妄动，这回算是便宜他们了。

越　越：什么把柄？

田　蚡：您觉得我会告诉你吗？

越　越：你不说我也知道，当年淮

63

名人有约 MINGREN YOU YUE

南王进京,你为了巴结他,说陛下没有儿子,万一驾崩,淮南王就是皇帝的继承人。这话要是被皇上知道了,可是谋反罪哦!

田　蚡：（脸色煞白）你……你……

越　越：放心,我不会掺和你们的事的。我只想知道,灌夫和窦婴是怎么死的?

田　蚡：今年夏天,我不是娶了个老婆,办了场婚宴吗?窦婴和灌夫都来了。宴席上,我给众人敬酒,大家纷纷避席（编者注：被敬酒的人离开座位,以表示对敬酒人的尊敬）。可轮到窦婴敬酒时,却没几个人避席。

越　越：这让窦婴很没面子吧?

田　蚡：哼,窦婴倒没说什么,灌夫那个莽夫却急了,到他敬酒时,就借机撒酒疯,闹了一顿。

越　越：唉,这个灌夫,再怎么闹,也不能在您的婚宴上闹啊!

田　蚡：哼,我这婚宴是奉太后之命办的。灌夫大闹婚宴,就是对太后不敬,按罪当灭九族!

越　越：哎哟,这罪名可大了。窦婴肯定不会袖手旁观吧。

田　蚡：（笑眯眯）是啊,窦婴自己找死,我也没办法。

越　越：这话怎么说?

田　蚡：窦婴帮灌夫说话,不是跟太后作对吗?太后一气之下,让他进大狱了。

越　越：可这也罪不至死吧。

田　蚡：嘿,妙就妙在窦婴拿出一份景帝的遗诏,上面说,窦婴若是遇到麻烦,只要凭这份遗诏,就能面见圣上,澄清冤屈。

越　越：那太好了,有救了。

田　蚡：可惜呀可惜,这份遗诏根本就是假的!因为宫里没有存档（编者注：皇帝的诏书,一般都是一正一副,副本留在宫中存档）。窦婴伪造遗诏,你说该杀不该杀?

越　越：奇怪,如果遗诏是假的,窦婴干吗还要拿出来,这不是找死吗?

田　蚡：哼,你说得没错,窦婴就是找死。（打了个哈欠）好啦,我要休息了,你先退下吧。

广告铺

出兵闽越国

闽越国野心不死，三年前出兵东瓯国，如今又来进犯南越国，朕决定派王恢、韩安国两位大将出兵征讨闽越，务必要解除南越的危机，并给闽越国沉重的军事打击。

刘彻

（编者注：结果汉军还没到，闽越王的弟弟便暗中杀害了闽越王，向汉朝请求免战，于是汉朝退兵，为闽越国另立了一个新王。）

讣告

元光五年（公元前130年），大汉丞相田蚡不幸病逝，后天在丞相府中举行葬礼，特此讣告。

丞相府

（编者注：窦婴死后第二年，田蚡就病倒在床上，神志不清，嘴里大喊要谢罪的话。没过多久，田蚡就病死了。）

全国举孝廉诏书

全国官员都听好了，从元光元年（公元前134年）起，各郡每年要向朝廷推举孝廉各一名。被推举的人，假如没有官职，朝廷会授予他官职；如果有官职，朝廷则会给他升官。希望各郡官员谨慎挑选，为朝廷举荐有用的人才。

刘彻

（编者注：举孝廉，就是推举孝顺、廉洁的人。根据儒家思想，做人应当以孝为本，做官应当以廉为本。从这以后，举孝廉便成了汉朝选拔人才的重要科目。）

穿越报
CHUANYUE BAO

第 5 期 公元前138年—公元前128年

长门宫怨 汉武帝篇

【烽火快报】
- 卫子夫怀孕，遭长公主报复

【绝密档案】
- 揭秘卫子夫的身份

【叱咤风云】
- 后宫爆发巫蛊案，陈皇后被废
- 卓小姐跟司马相如私奔了

【名人有约】
- 特约嘉宾：刘彻

【广告铺】
- 对赵二牛的批评公告
- 立后诏书

穿越必读 CHUANYUE BIDU

刘彻与陈阿娇青梅竹马，两小无猜，还留下过一段金屋藏娇的佳话。然而，这个美丽爱情故事的结局并没有想象中那么美好。陈阿娇脾气火爆，骄纵任性，不得武帝喜爱，后来又因嫉妒武帝宠妃，参与了后宫巫蛊案，最终葬送了与武帝多年的结发之情，也葬送了自己的一生。

卫子夫怀孕，遭长公主报复
——来自皇宫的加密快报

公元前138年，汉宫传来一个喜讯：一个叫卫子夫的宫女怀孕了。虽然还不知道怀的是男是女，可皇后陈阿娇已经快气疯了。

从太子妃到皇后，这么多年，陈阿娇一直没有生育。而这个卫子夫，进宫不过短短一年，就怀孕了。真是人比人，气死人。

长公主知道这件事后，也恨得牙痒痒，不过和女儿相比，长公主显然更有办法，心肠也更黑。她听说卫子夫有个弟弟叫卫青，在建章（即后来的建章宫）当差，就想把他抓来杀掉，为女儿出口气。

幸好卫青有个讲义气的哥们，叫公孙敖。公孙敖一听卫青有生命危险，立刻叫来一帮兄弟，从长公主手里把卫青抢了回来。

刘彻知道这事后，非常生气，并把卫青叫来，封他为建章监兼做自己的随从。刘彻这样安排，明显是在警告长公主和陈皇后：从今以后卫青就是我的人了，看谁敢动他一根毫毛！

长公主被震慑住了，再也不敢打卫青的主意了。

没过多久，刘彻又封卫子夫做了夫人。

来自皇宫的加密快报！

绝密档案 JUEMI DANGAN

揭秘卫子夫的身份

自从卫子夫怀孕后，关于她的流言就满天乱飞。后宫的女人们纷纷猜测着：这个卫子夫，到底是个什么样的女人，能让长公主和陈皇后这么大动干戈？

其实呀，卫子夫的出身非常低微，她原本是平阳公主家的一个歌女。平阳公主是刘彻的亲姐姐，和刘彻关系很好。她见弟弟结婚这么久，却没有一个子嗣，心里暗暗有些着急，就在民间挑了十几个家世良好的美人，准备献给刘彻。

一次，刘彻去霸上祭祖，回宫的时候，顺便去看望平阳公主。趁这个机会，平阳公主把那些美人叫来，给弟弟过目，谁知刘彻一个也看不上。平阳公主只好叫她们退下，摆上好酒好菜招待刘彻。

过了一会儿，府上的歌女出来助兴了。只见其中有个歌女长得明眸皓齿，楚楚动人，尤其是那一头乌黑如云的秀发，飘飘

绝密档案

洒洒，刘彻看得眼睛都直了。平阳公主在一旁见了，微微一笑，暗暗留了心。

吃完饭，刘彻去车上换衣裳，平阳公主就叫卫子夫去侍奉。

一来二去，刘彻便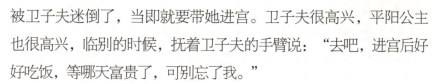被卫子夫迷倒了，当即就要带她进宫。卫子夫很高兴，平阳公主也很高兴，临别的时候，抚着卫子夫的手臂说："去吧，进宫后好好吃饭，等哪天富贵了，可别忘了我。"

谁知刘彻回宫后，扭头就把卫子夫忘了。没办法，谁叫宫里美人太多呢。卫子夫高高兴兴地进了宫，得到的却是皇帝的冷落，真是郁闷极了，心想还不如回平阳公主家当歌女呢。可这话她只敢在心里想想，不敢说出来。

一年后，机会终于来了，刘彻准备打发一批宫女回家，趁这个机会，卫子夫哭着跑到刘彻跟前，求他放自己出宫。刘彻仔细一瞧，哟，这个哭得梨花带雨、楚楚可怜的美人儿，不是平阳公主家的小歌女吗？

刘彻的心又开始怦怦跳了，于是不但没有放卫子夫出宫，还再次宠幸了她。

没过多久，卫子夫就怀孕了。喜讯一出，上至太皇太后和皇帝，下至黎民百姓，大家都喜气洋洋的，人人脸上都带着笑容，当然啦，长公主和陈皇后除外。

鸿雁传书 HONGYAN CHUAN SHU

陛下为什么不喜欢我？

穿穿老师：

您好，我是皇后陈阿娇。这次给您写信，是因为我心中有一个疑惑：我与陛下青梅竹马，又是结发夫妻，可他为什么一直都不喜欢我？

记得小时候，陛下是喜欢我的，他还说过一句话，如果能娶阿娇为妻，就造一个金屋子给她住。可如今呢，金屋子没看到，我那东宫倒像冷宫一样，十天半月也看不到陛下的人影。想当年要不是我母亲鼎力相助，根本就轮不到陛下当皇帝，可如今陛下坐稳了江山，就过河拆桥，把我丢到一边不闻不问，是不是太忘恩负义了！

大汉皇后 陈阿娇

皇后：

您好。您认为陛下忘恩负义，当上皇帝就不喜欢您了，可您有没有从自己身上找原因呢？

陛下是个有雄才大略的君主，像这样的人，一般都喜欢小鸟依人类型的女人，比如卫子夫。您想想，您是这样的女人吗？听宫女们说，皇后您脾气火爆，骄纵任性，动不动就跟陛下吵架，这怎么能得到陛下的喜爱呢？

所以啊，如果您想得到陛下的宠爱，就必须改掉坏脾气，多跟陛下撒撒娇，相信陛下对您的态度会有所改变的。

《穿越报》编辑

XIHA YAUN 嘻哈园

叱咤风云 CHIZHA FENGYUN

后宫爆发巫蛊案，陈皇后被废

公元前130年，刘彻下了一道令人震惊的诏书：皇后不守礼法，装神弄鬼，陷害他人，没有资格再母仪天下，应当交回皇后的印玺，离开东宫，迁到长门宫去住。诏书一下，天下人大吃一惊：什么，陈皇后被废了？这是怎么回事？

原来，自从卫子夫怀孕后，陈皇后就没有睡过一天好觉，虽然后来卫子夫生的是公主，可这并没有减少刘彻对她的宠爱。在接下来的几年里，卫子夫一连又生了两个小公主。眼看卫子夫和刘彻已经有三个女儿了，自己却还是得不到宠爱，肚子也迟迟不见动静，陈皇后急得失去了理智，便想了一个馊主意。

陈皇后听说有个巫女叫楚服，神通广大，能给人下咒，于是就把她找来，一同商量对付卫子夫的法子。她们做了一些小木人，并在上面写上卫子夫和后宫宠妃的名字与生辰八字，再扎上几根针，埋在地底下。接着，楚服在埋木头人的地方又唱又跳，嘴里念念有词。

时间一长，刘彻发觉有些不对劲：怎么宫里老有奇怪的人进进出出？就派人去查，结果把陈皇后行巫蛊（gǔ）术的事情给查出来了。刘彻勃然大怒，立刻把巫女楚服拉出去砍头，接着又废掉皇后陈阿娇，将她关进了长门宫。可怜的阿娇，偷鸡不成反而蚀把米，不但没有扳倒卫子夫，还把自己给赔进去了。

叱咤风云

卓小姐跟司马相如私奔了

蜀郡临邛（qióng）县有一户姓卓的人家，主人叫卓王孙，是全国鼎鼎有名的大富豪。最近卓家出了个大新闻：卓家小姐卓文君跟一个叫司马相如的才子私奔了！消息一出，大伙儿议论纷纷，卓王孙羞得老脸通红，连门都不敢出了。

这到底是怎么回事呢？

原来，前段时间，临邛县县令王吉天天去拜访一个叫司马相如的大才子，听说这个司马相如不但风度翩翩，能文能武，还写过一篇天下闻名的《子虚赋》。刚开始，司马相如还耐着性子接见王吉，可时间一长，司马相如就不耐烦了，每次县令来，都说自己有病，拒不相见。

卓王孙听了，心想这个司马相如连县令的面子都不给，一定是个了不得的人物，于是准备了一场豪华的宴会，邀请司马相如和一些朋友参加。

到了中午，客人陆陆续续到齐了，只有主宾司马相如还没来。卓王孙派人去请，司马相如却推脱有病来不了。

王县令也在宾客之中，就说："不如让我去请吧。"

王县令来到司马相如住的地方，好说歹说，总算把他请来了。酒兴正浓时，王县令捧出一把琴，送到司马相如面前，说：

# 叱咤风云 CHIZHA FENGYUN

"听说您特别喜欢抚琴，不知可否为大家弹奏一曲？"

司马相如推脱一番后，弹奏了一曲。

琴声宛转悠扬，宾客无不为之拜倒，一个美貌的小姐也被琴声吸引住了，她隔着门缝偷偷地往外瞟。

这个小姐就是卓王孙的女儿卓文君，刚刚守寡没多久，平时最爱音律，如今见司马相如抚得一手好琴，人又长得十分帅气，看着看着，羞红了脸。而司马相如呢，早听说卓王孙家有一位漂亮的小姐，并对她倾慕已久，于是故意弹奏了一曲《凤求凰》，向卓小姐表达爱意。

弹完琴，司马相如又花重金贿赂了卓文君的侍女，托她向卓文君表达倾慕之情。

卓文君收到表白信后，激动得睡不着觉，当晚就收拾行李，跟司马相如私奔了。

司马相如带卓文君回到成都老家，卓小姐本来满心欢喜，可一进家门，立刻呆住了，只见司马相如家又破又旧，除了四面光秃秃的墙，什么也没有。从来没人告诉她司马相如家这么穷！

再说卓王孙，发现女儿私奔后，气得大骂："我一分钱都不给她！"可没过多久，卓王孙就食言了。原来，卓文君和司马相如穷得过不下去了，便又回到临邛开了个小酒馆，每天迎来送往，卖酒赚钱。

大富豪的女儿成了卖酒女，这下卓王孙的脸更没地方搁了，只好给了文君一百万钱，一百个仆人，还有一些嫁妆，让她跟司马相如回成都过日子去了。

百姓茶馆

千里马终于遇到伯乐啦

听说陛下读了司马相如的《子虚赋》后赞不绝口，立刻派人召他进京。司马相如这回可真是交上好运啦，不但娶到了如花美眷，前途也是不可限量啊！不过我不明白的是，司马相如写《子虚赋》是很早以前的事情了，他这么有才学，怎么现在才被朝廷发现呢？

书生小唐

因为司马相如写《子虚赋》的时候，还是景帝当政时期。众所周知，景帝不喜欢辞赋，所以司马相如空有一身才华，却得不到重用啊！当今天子就不同了，他最喜欢的就是辞赋，司马相如这匹千里马呀，总算是遇到伯乐啦！

诗人老李

是啊，卓王孙做梦也想不到，自己竟然捡了个宝。他本来看不上这个女婿，现在反而要去巴结他呢，哈哈！

陈公子

名人有约 MINGREN YOU YUE

越越 大嘴记者

刘彻 特约嘉宾

嘉宾简介：他既是一个多情的帝王，也是一个无情的君主。年幼时，他曾许下"金屋藏娇"的誓言，成就了一段令人羡慕的爱情佳话。可等他登基称帝，皇位稳固后，将金屋变冷宫，废掉了骄纵善妒的陈皇后，令其困居长门宫，最后郁郁而终。

越　越：陛下您好，最近您废后的事情可是闹得沸沸扬扬啊！

刘　彻：（脸色一变）这个妒妇，我早该废了她。

越　越：咦，原来您早就想废后啊，可为什么等到今天才实施呢？

刘　彻：那会儿我皇祖母不是还在吗？长公主的势力也不容小觑，我刚登基，没办法跟她们抗衡，只好把这口气忍了下去。

越　越：看来陛下忍得很辛苦啊！

刘　彻：没错，我一直忍着，心想既然她那么嚣张，我又不能废她，那就干脆不理她好了，让她一个人狂去，谁知她竟然向长公主告状，长公主又来找我母亲理论，说我冷落她女儿。

越　越：然后呢？

刘　彻：母亲把我说了一顿，叫我不要得罪长公主母女。

越　越：瞧陛下说的，其实陈皇后也没那么不堪啦，听说她为了给您生儿子，到处寻医访药，光治病就花了九千万钱呢。陈皇后虽然骄横了些，但还是十分爱陛下您的。

刘　彻：她想生儿子，不过是为了巩固她皇后的地位罢了。

越　越：好吧，看来陛下的确不喜欢陈皇后啊！不过，您现

名人有约

在废后，就不怕长公主跟您闹吗？

刘 彻：此一时，彼一时。长公主若是识时务的话，就该乖乖地接受现实，否则，连她长公主的地位只怕都保不住！

越 越：陛下霸气，果然是今时不同往日啊！

刘 彻：对了，再告诉你一件事情，关陈皇后的那座长门宫，还是长公主献给我的。

越 越：啊，这是怎么回事？

刘 彻：哼，长公主跟她女儿一样骄纵无礼，私底下做了些上不得台面的事，怕我怪罪，就献了一座长门园给我。我看园子挺漂亮，便改名为长门宫。废后的时候，我突然想起这座宫殿，觉得很适合给陈皇后住，便让她住进去了。

越 越：这……不知长公主会怎么想啊！对了，陛下废了陈皇后，准备立谁为新皇后呢？

刘 彻：这个，我还在考虑中。

越 越：陛下有考虑卫子夫吗？

刘 彻：卫子夫……倒是个不错的女人，温顺乖巧，能歌善舞，还一连给我生了三个女儿，只可惜没能生个儿子。

越 越：陛下到如今还没有儿子？

刘 彻：是啊，我都登基十多年了，后宫佳丽无数，却没一个女人能给我生个儿子。

越 越：陛下别急，这种事情是急不来的。如果，我是说如果卫子夫给您生了儿子，您会立她为皇后吗？

刘 彻：（沉思片刻）嗯，她要是能生儿子，我马上立她为后。

越 越：哈哈，看来卫子夫要加油了，好啦，今天的采访就到这里，祝陛下身体健康，早生贵子。

刘 彻：嗯，谢谢。

广告铺

对赵二牛的批评公告

平昌县县民赵二牛，家中有四岁小女一名，七岁小儿一名，却从未向官府缴纳过口赋，特此提出公开批评。希望赵二牛不要跟官府对抗，早日将子女的口赋交清，否则别怪官府不讲情面。

平昌县县令

（编者注：口赋和算赋是汉朝的两种赋税。口赋是儿童税，收税对象是3～14岁的儿童；算赋是成人税，收税对象是15～56岁的成人。）

立后诏书

卫子夫温柔和顺，仪态端庄，聪明贤淑，并生有皇长子刘据，深得朕心。因此，朕决定册立卫子夫为皇后，母仪天下，钦此。

刘彻

穿越报
CHUANYUE BAO

第 6 期
公元前133年——公元前129年

向匈奴开战
汉武帝

【烽火快报】
- 马邑之谋，打响反击匈奴第一战

【叱咤风云】
- 和亲到底行不行得通？
- 卫青直捣龙城，斩杀匈奴七百人

【名人有约】
- 特约嘉宾：卫青

【广告铺】
- 严禁夜行
- 婚宴公告
- 换婚公告

【智者为王】
- 第2关

穿越必读 CHUANYUE BIDU

从刘邦建国起，汉朝对匈奴便一直采取和亲的政策，无奈匈奴不讲诚信，仍旧屡屡进犯。好脾气的文景二帝忍了下来，可野心勃勃的武帝不能忍，恰好这时，有人献上马邑之谋，一旦成功，便可歼灭匈奴主力军，于是，一场轰轰烈烈的汉匈大战，就此拉开了序幕。

烽火快报 FENGHUO KUAIBAO

马邑之谋，打响反击匈奴第一战
——来自马邑的加密快报

来自马邑的加密快报！

公元前133年，刘彻决定对匈奴开战，并制定了一个十分周详的作战计划，不过可惜的是，由于叛徒泄密，计划失败了。事情的经过是这样的：

汉匈边境有个马邑城，城里住了一个大富豪，名叫聂壹。他找到大行（官职名，相当于外交部长）王恢，对他说："汉匈刚刚和亲不久，匈奴人一定对咱们没什么防范，不如让我去引诱他们，将他们一举歼灭！"

王恢上禀刘彻，刘彻大喜，立刻批准了。

聂壹又去拜访匈奴单于，说："我已经杀了马邑的县令和县丞，如果您现在出兵，一定能拿下马邑城。"

匈奴单于信以为真，领着十万大军，兴冲冲地直奔马邑而来。这时，马邑周围埋伏了三十万汉军，就等着匈奴自投罗网呢。

匈奴单于走到半路，发现气氛不对：怎么路上一个老百姓都没有？于是冲进烽火台，抓了一个尉史，一拷问才知道上了汉人的当，当即惊出一身冷汗，立刻往回撤。

刘彻见汉军无功而返，一气之下，把王恢杀了。

和亲到底行不行得通？

马邑之谋虽然失败了，可它打响了反击匈奴的第一战，匈奴人一定也不会善罢甘休，从此以后，汉匈边境恐怕再无宁日啦！

很多人想不明白，咱们汉朝与匈奴不是一直在和亲吗？怎么突然开战了呢？

有人说，这还不懂，要是能和平相处，谁愿意打仗啊！陛下之所以向匈奴开战，是因为和亲的政策根本行不通！

原来，从高祖建国起，汉朝就一直奉行和亲的政策，不断地把公主和财宝往匈奴送，以换取边疆的安宁，而匈奴人是怎么"回报"的呢？收了公主，收了金银珠宝，却照旧在大汉的土地上烧杀抢掠。

文帝时期，匈奴单于就曾带领十四万骑兵大肆入侵汉朝边境，一路烧杀抢掠，还顺便把文帝的离宫（皇帝出行时暂住的宫殿）一把

哈哈！愚蠢的人！

叱咤风云 CHIZHA FENGYUN

火烧了。文帝火冒三丈，当即就要御驾亲征，找匈奴人算账，拦都拦不住，最后还是窦皇后出面，才把文帝劝了下来。

　　文帝没能亲自上阵，心里很憋气，于是派出十万大军去征讨匈奴，谁知匈奴人很狡猾，还没等汉朝大军到达，就带着战利品撤退了。

　　匈奴人尝到了甜头，打这以后，每隔几年就越过汉朝边境，骚扰骚扰百姓，恐吓恐吓官员，然后用马匹驮上大量抢来的金银财宝、丝锦和茶叶扬长而去，这种恶习一直延续到当朝。

　　公元前135年，匈奴人一面不断骚扰汉朝边境，另一面又派人来和亲。刘彻召开了一个紧急会议，讨论是否该继续跟匈奴和亲的问题。大臣们有的说要打，其中以大行令王恢为代表；有的说要和，以御史

可恶的匈奴人！

叱咤风云

大夫韩安国为代表。

王恢认为,匈奴每次跟汉朝和亲,不出几年,必定会违背约定,举兵入侵,所以很有必要给他们一个教训。

韩安国却有不同意见,他认为,匈奴人不像咱们汉朝,讲究的是安居乐业,匈奴是游牧民族,人口流动性非常大,可能今天还在漠北,明天就迁徙到漠南了,所以打起来非常困难,咱们贸然往大草原里闯,可能连匈奴人的影子都找不着。

刘彻一听两个都有道理,就让大臣们投票选择,结果韩安国取得了压倒性胜利。刘彻便尊重大臣意见,派人去跟匈奴和亲。就在大家都以为陛下打算将和亲之路走到底的时候,公元前133年,也就是在和亲后的第三年,刘彻突然召开紧急会议,提出主动向匈奴出击!

原来,和亲只是缓兵之计,刘彻心里其实早就想狠狠教训匈奴人一顿了,只苦于一直找不到机会。而现在机会来了,王恢提出了诱敌深入的作战方案,君臣二人一拍即合,于是便有了前面那场惊心动魄的马邑之战。

嘻哈园 XIHA YAUN

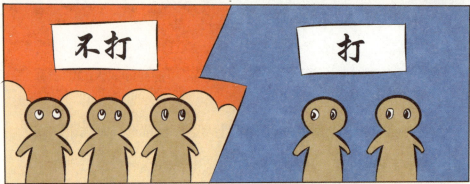

鸿雁传书

怎样才能劝陛下罢兵

穿穿老师：

您好。自从马邑之谋后，汉匈关系一下变得剑拔弩张起来，对此我是忧心忡忡，辗转难眠。

记得三年前陛下就想攻打匈奴，被我等人劝住了，想不到三年后，陛下还是忍不住向匈奴人出手了。出兵前我曾苦苦规劝陛下，而且我认为自己的理由已经十分充分了：

一、匈奴人居无定所，很难找到他们的主力。

二、就算找到了，汉军人困马乏，未必打得赢。

三、就算打赢了，我们要来匈奴土地有什么用呢？不是草原就是沙漠，既不能耕种，又不能养殖，还得白白养活一帮茹毛饮血的匈奴百姓，怎么算都亏本。

更何况，和亲政策是高祖皇帝制定的，当年高祖被匈奴围困在白登山，差点遭遇不测。打那以后，高祖皇帝就意识到，和匈奴打仗实在是不明智的举动，于是采取了和亲政策。

前车之鉴，后事之师，陛下为什么就不听我的话呢！到底怎样才能劝陛下罢兵呢？

御史大夫　韩安国

韩大人：

您好。您劝陛下罢兵的理由的确十分充分，不过呢，陛下也有他的理由。当初高祖皇帝之所以采取和亲政策，未必是打不过匈奴，而是不愿百姓受苦，毕竟楚汉之争才刚过去不是？

但现在情况不同了，经过几十年的休养生息，咱们汉朝已经变得足够强大了，而且匈奴又欺人太甚，要是高祖皇帝在，多半也会支持陛下出兵的。更何况，马邑之谋已经发生了，就算陛下现在肯罢兵，匈奴人也不会善罢甘休，所以，与其费尽心思劝陛下罢兵，还不如多为陛下想想对付匈奴人的计策呢。

《穿越报》编辑　穿穿

百姓茶馆 BAIXING CHAGUAN

怎样才能彻底击垮匈奴

自从马邑之谋后,咱们边境的百姓可遭了殃。匈奴人跟咱们大汉彻底撕破了脸皮,隔三差五就来攻打我们,虽然京城还是一片歌舞升平,可边关却是战火连连。唉,要是马邑之谋没有失算就好啦,咱们也不用遭这份罪。

茶叶商小王

某说书先生

就算马邑之谋成功了,也不可能彻底解决匈奴问题,顶多是杀死匈奴单于,歼灭匈奴主力而已。对匈奴人来说,单于死了不算什么,再推举一个就是了;主力没了也不要紧,重新训练军队就行。过不了几年,他们还会卷土重来。

那该怎么办?难道咱们汉朝注定永远要被匈奴人欺负吗?

绸缎商小李

城西张先生

那倒也不是,虽然不指望一次性歼灭匈奴,但咱们可以多次打击他们呀,打得他们服气为止。最好是能出一位英勇神武的大将军,带领咱们汉军把匈奴赶得远远的,再也不敢回来!

CHIZHA FENGYUN 叱咤风云

> 要打胜仗，可不是光靠战龄就行的。

卫青直捣龙城，斩杀匈奴七百人

公元前129年，匈奴人对汉朝边境进行了一连串骚扰后，又向上谷郡（今河北省张家口市）发动进攻了。大家心里明白，匈奴人这是来报复大汉了。

刘彻早知道有这一天，他不慌不忙，亲自进行战略部署，派卫青、李广、公孙敖和公孙贺各领一万骑兵，分别从上谷、雁门、代郡和云中四个方向攻击匈奴。刘彻这样安排，还有一个用意，那就是看谁更能打，看谁获得的战果最丰。

而这四位将军中，李广是鼎鼎有名的老将，卫青却是个刚出茅庐的小子。所以很多人看好李广，对卫青却没什么信心。想想也是，一个从未上过战场，不过是靠着姐姐的裙带关系才得到

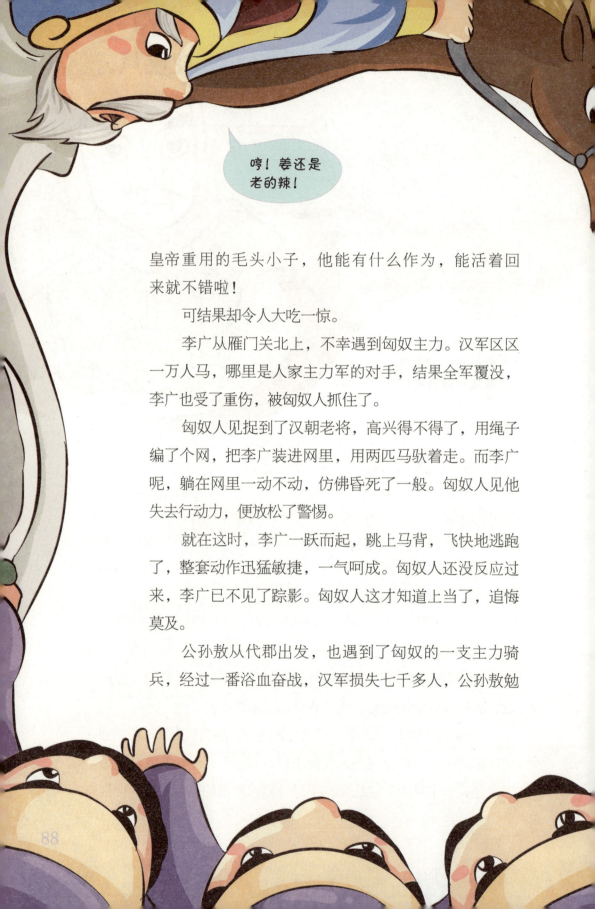

哼!姜还是老的辣!

皇帝重用的毛头小子,他能有什么作为,能活着回来就不错啦!

可结果却令人大吃一惊。

李广从雁门关北上,不幸遇到匈奴主力。汉军区区一万人马,哪里是人家主力军的对手,结果全军覆没,李广也受了重伤,被匈奴人抓住了。

匈奴人见捉到了汉朝老将,高兴得不得了,用绳子编了个网,把李广装进网里,用两匹马驮着走。而李广呢,躺在网里一动不动,仿佛昏死了一般。匈奴人见他失去行动力,便放松了警惕。

就在这时,李广一跃而起,跳上马背,飞快地逃跑了,整套动作迅猛敏捷,一气呵成。匈奴人还没反应过来,李广已不见了踪影。匈奴人这才知道上当了,追悔莫及。

公孙敖从代郡出发,也遇到了匈奴的一支主力骑兵,经过一番浴血奋战,汉军损失七千多人,公孙敖勉

强带着残兵杀出重围，逃了回来。

再说公孙贺，从云中出发，在大草原上晃荡了一圈，连匈奴人的影子都没见着，就晃荡回来了。

唯一有战绩的是卫青。卫青从上谷出发，一路深入匈奴腹地，打到了匈奴人的王廷龙城，斩杀七百人马后，全身而退。

匈奴人震惊了！虽说损失七百人马并不多，可这是汉朝自建国以来，第一次深入匈奴腹地，还将他们的政治中心兼宗教圣地龙城给捣了。这对匈奴人来说，无疑是个令人崩溃的消息。一时间，卫青的名字响彻整个大草原。

消息传到长安，刘彻喜不自禁，立即封卫青做了关内侯。

而对于打了败仗的李广和公孙敖，刘彻也绝不手软，将他俩统统下了大狱，判了死刑。还好在这个年代，死刑犯是可以拿钱来赎罪的，所以他俩交了大笔赎金后，回家当老百姓去了。

匈奴人也不过如此！

名人有约 MINGREN YOU YUE

越越 大嘴记者

卫青 特约嘉宾

嘉宾简介：作为卫子夫的弟弟，卫青以外戚的身份被皇帝选中，却以惊人的军事才能震惊天下，成为第一个直捣匈奴龙城的汉朝将领。他出身低微，却能征善战，谋略非凡，注定要在武帝一朝大放异彩，成为一颗最闪亮的将星。

越 越：卫将军您好，如今您可是百姓心中的大英雄，陛下跟前的大红人呐。不过听说您的身世十分坎坷，能跟我们说说吗？

卫 青：好的，这要从我母亲说起。我母亲本来是平阳公主家的一个婢女，在生我之前，生了三个姐姐和一个哥哥：大姐卫君孺，二姐卫少儿，三姐卫子夫，还有大哥卫长君。后来有一次，一个叫郑季的县吏来平阳侯府办事，看上了我母亲，于是就有了我。

越 越：那个，恕我冒昧地问一句，卫将军您其实是……

卫 青：（面带羞愧）是的。

越 越：噢，那也没什么，英雄不问出身嘛。对了，既然您的亲生父亲叫郑季，那您为什么不姓郑而姓卫呢？

卫 青：因为我不喜欢他。我小的时候，家里很穷，母亲没办法养活我，只好把我送到父亲那里去。父亲自己有个老婆，她对我很不好，天天叫我上山去放羊，饭也不给吃饱，衣也不给穿暖。郑家的兄弟姐妹们也都瞧不起我，总是变着法儿欺负我。

越 越：唉，果然是个苦命娃啊！

卫 青：后来，我实在气不过，就跑回去找母亲，说跟她姓

MINGREN YOU YUE 名人有约

越　越：算了。从那以后，我就再没回过郑家。

越　越：所以您现在叫卫青，而不是郑青。

卫　青：是的。后来母亲去找平阳公主，求她收留我。平阳公主见我相貌端正，体型魁梧，就让我做了她家的骑奴。

越　越：等等，什么是骑奴？

卫　青：就是马夫，主要负责为主人养马。后来，因为姐姐卫子夫的关系，我成了陛下的随从。再后来，陛下又提拔我做了太中大夫。

越　越：再后来，陛下派您去打仗，结果您立了大功，于是陛下封您为关内侯。

卫　青：是的。

越　越：卫将军的故事可真励志啊，从一个普通人家的孩子到公主家的骑奴，再到皇帝的随从，太中大夫，再到如今威震一方的关内侯，这一切您是怎么做到的呢？

卫　青：很多人说，我是靠姐姐的关系……

越　越：不，虽然您是因为姐姐的原因才得到了陛下的垂青，可您后来立下的赫赫战功，可跟您姐姐一点儿关系都没有。您犀利的战略眼光以及杰出的军事才能都是不容置疑的，我很想知道，您这打仗的本领是从哪学到的？

卫　青：我做骑奴时，就喜欢骑马射箭，后来跟随陛下十年，也学到了不少东西，应该是这些经历锻炼了我。

越　越：原来如此。我还有一个问题，您当初为什么那么大胆，直接向龙城发动攻击？那里是匈奴的王廷，一定有重兵把守，您就不怕吃大亏吗？

卫　青：你认为龙城有重兵把守，可我想的恰恰跟你相反。匈奴人打仗一向是让青壮年出征，老弱者留在家里看守。所以我直接攻打龙城，不但不吃亏，反而占了便宜。

越　越：原来如此，卫将军的眼光果然犀利，厉害厉害！

卫　青：客气客气。我还有点事，今天先到这儿吧，下次见。

91

广告铺

严禁夜行

大汉律法规定,凡入夜之后,无论是王公贵族,还是平民百姓,都严禁出行,有违背者,严惩不贷!

大汉廷尉府

👁 婚宴公告

在前不久与大汉的交战中,我哥哥须卜延不幸战死,留下嫂子兰氏真孤苦伶仃一个人,根据我们匈奴人的习俗,作为弟弟的我可娶嫂子为妻,届时欢迎大家来喝喜酒。

须卜连

换婚公告

我,盐商赵小四,愿将小女赵沫沫许配给茶农刘阿群的长子刘长发,而刘阿群的四女儿刘美丽也将嫁与我次子赵洋为妻,两家换婚,永结秦晋之好。

盐商赵小四

(编者注:"换婚"的习俗在汉朝非常流行。平民换婚,可以节省聘礼;而贵族换婚,则可以通过联姻来壮大家族势力。)

智者为王

第2关

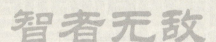
智者无敌 王者为大
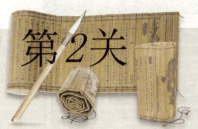

1. 窦太皇太后同意"罢黜百家，独尊儒术"吗？
2. 《老子》是儒家经典还是道家经典？
3. 闽越国攻打东瓯国的时候，汉朝有没有救援？
4. 卫子夫进宫前的身份是什么？
5. 卫青被长公主抓走后，是谁救了他？
6. 汉武帝为什么不喜欢陈阿娇？
7. 陈皇后被废后，被关进了哪里？
8. 《子虚赋》的作者是谁？
9. 汉朝与匈奴和亲为什么行不通？
10. 马邑之谋成功了还是失败了？
11. 汉朝初期对匈奴采取的主要是哪种政策？
12. 汉朝第一个直捣匈奴龙城的将领是谁？
13. 卫青和卫子夫是什么关系？
14. 司马相如弹奏《凤求凰》，是为了向谁表达爱慕之情？
15. 举孝廉是什么意思？
16. 汉武帝立的第二个皇后是谁？

第 7 期
公元前139年——公元前114年

张骞出使西域

汉武帝篇

穿越报
CHUANYUE BAO

【烽火快报】
- 一则特殊的招聘广告

【绝密档案】
- 皇帝为什么派人出使西域

【叱咤风云】
- 十三年后,张骞终于从西域归来
- 张骞第二次出使西域

【名人有约】
- 特约嘉宾:张骞

【广告铺】
- 算缗令
- 大汉与乌孙的联姻公告

穿越必读 CHUANYUE BIDU

汉朝将玉门关、阳关以西的地方统称西域,那里有许许多多的小国家,为了联合西域各国抗击匈奴,武帝派了一个叫张骞的人出使西域。于是,一条从长安通往西方的道路被开辟出来了,后来这条路被人们称为"丝绸之路"。

烽火快报

FENGHUO KUAIBAO

一则特殊的招聘广告
——来自长安的加密快报

公元前139年,刘彻发了一则特殊的"招聘广告",要求:男,身体强健,有冒险精神,胆大心细,勇敢机智,最好还会几门外语。而任务很简单,代表大汉皇帝出使月氏(yuè zhī)国。

奇怪的是,招聘公告贴出去后,前来应征的人却寥寥无几,为什么呢?

原来,月氏国远在西域,对汉人来说,它只是一个传说中的国家,从来没有人去过那里,就连它到底存不存在都是问题。使者很可能历经千般磨难,九死一生后,到头来却扑了一场空。

更何况,依照传闻中的路线,去月氏必须经过匈奴人的地盘,使者一旦被抓,只怕连怎么死的都不知道。

所以对于这种危险系数过高的任务,哪怕报酬再高,再诱人,也很少有人愿意去。

不过,一个叫张骞(qiān)的人来应征了,他是个郎官,官职不大,志向却不小,趁这次招聘的机会,想一展宏图,建功立业。

经过一轮淘汰赛后,张骞如愿以偿,被选拔为古往今来中国出使西域的第一人。

来自长安的加密快报!

绝密档案 JUEMI DANGAN

皇帝为什么派人出使西域

刘彻在全国"海选"使者时,很多人不明白:陛下为什么要派人出使西域,有什么特别用意吗?

这一切,都要从月氏和匈奴的恩怨说起。

那还是在楚汉争霸时期,匈奴还很弱小,匈奴的首领头曼单于因为偏爱小儿子,想把太子冒顿(mò dú)废掉,可又怕太子造反,就想了一个歹毒的主意:把冒顿送到月氏国做人质,然后趁机攻打月氏。月氏王一怒之下,必定会杀了冒顿。

谁知冒顿命不该绝,偷了一匹快马,居然给逃回来了。

头曼单于见儿子这么厉害,便让他统领了一些骑兵。冒顿对父亲不顾血肉亲情,一心置他于死地的做法

> 竟有如此歹毒的父亲!

耿耿于怀，开始谋划造反。

冒顿训练了一批亲信，对他们说："我的箭指向哪里，你们就射向哪里，不听从命令的，一律斩首示众！"说着，将箭指向心爱的战马，毫不犹豫地射了出去。有人不敢放箭，结果被杀了。

过了段时间，冒顿将箭指向美丽的妻子，不敢放箭的人也被杀了。

又过了段时间，冒顿将箭指向了父亲的马，这一次所有人都放了箭，冒顿很满意，他认为时间到了，便去找头曼单于。

只见冒顿拈弓搭箭，一箭射中父亲的脑袋，接着，无数支利箭从冒顿身边发出，瞬间将头曼单于射得满身是箭。就这样，冒顿弑父篡位，成了匈奴的新单于。由于月氏人曾经想杀掉冒顿单于，因此两国结了仇。

在冒顿的带领下，匈奴一步步强大起来，不仅灭掉了东胡，还打败了曾经比它强的月氏。

绝密档案 JUEMI DANGAN

冒顿单于死后,老上单于即位,他仍旧跟月氏人不和。在一次惨烈的战争中,老上单于干掉了月氏国王,还砍掉了他的头颅。这对月氏人来说绝对是奇耻大辱。月氏人恨透了匈奴人,他们想为国王报仇,可又打不过人家,伤心之下,只好远离故土,举国搬迁到匈奴的西边。

刘彻继位后,一直想找机会教训匈奴人,可是仅凭一国之力对付强大的匈奴还是没什么把握,于是就想找人结盟。正好这时,他听说月氏与匈奴有血海深仇,欣喜之下,立刻发布公告,广招出使月氏的人。

如今人选已经确定,行装也打点好了,张骞能完成这个艰巨而光荣的任务吗?记者将继续为您跟踪报道。

CHIZHA FENGYUN 叱咤风云

十三年后,张骞终于从西域归来

公元前139年,张骞带着一百多名随从,以及一个叫堂邑父的匈奴向导出发了,谁知刚走到匈奴境内,就被抓住了。幸好这时匈奴还在与汉朝和亲,就没有杀他,只是把他扣留了下来,不准他去月氏国。

这一扣留,就是十多年。为了彻底拴住张骞,匈奴单于不仅好吃好喝地待他,还赏了他一个匈奴女人,让他娶妻生子,在匈奴扎根。

虽然在匈奴过得很安逸,可张骞一刻也没有忘记使命。他耐着性子等啊等,等了十多年,终于等到匈奴人对他放松了警惕。趁这个机会,张骞召集手下,偷来匈奴人的马匹,头也不

叱咤风云 CHIZHA FENGYUN

回地逃跑了。

他们一连跑了几十天，来到一个叫大宛（yuān）的国家。大宛王早听说过汉朝的名头，据说那里土地肥饶，物产丰富，金银珠宝和绫罗绸缎堆积成山。大宛王羡慕得口水直流，一直想跟汉朝结交，只苦于找不到机会，如今见到汉朝使者，自然是殷勤得不得了。

听说张骞要去月氏，大宛王告诉他："这里离月氏不远了，不过还要经过康居（qú）国。他们的语言跟月氏国相同，我安排一个月氏语翻译给你们。"

大宛国不仅为张骞配了向导和翻译，还专门派人护送他们到达康居。

康居跟大宛关系很好，听说张骞是大宛的贵宾，也热情地招待了他们，又派人护送他们去月氏。

一路兜兜转转，张骞和手下总算来到了月氏国，可迎接他们的却

汉朝有好多金银珠宝！

叱咤风云

是当头一盆冷水。

原来，当初月氏被匈奴打败后，大部分居民迁徙到了西边，只有少部分人坚决不肯离开故土。后来，西边的月氏被人称作"大月氏国"，原月氏被称为"小月氏国"，张骞到达的就是大月氏国。

这几十年来，大月氏人过得非常滋润，这里水草丰茂，牛羊壮硕，百姓安居乐业，什么家国仇恨，早就抛到爪哇国去了。于是大月氏女王委婉地拒绝了张骞。张骞不死心，在大月氏国软磨硬泡待了一年，见彻底没希望了才离开。

回去的路上，倒霉的张骞又被匈奴人抓走了，他被关了一年多。后来趁他们发生内乱，张骞带着匈奴妻子、儿女，以及唯一剩下的随从堂邑父又逃跑了。

公元前126年，张骞总算回到汉朝，向皇帝复命，刘彻大吃一惊，想不到十三年前派出的使者竟然回来了，大家还以为他早死了呢。

听张骞描述了这些年的经历后，刘彻非常感动，不但没怪罪他没有完成使命，还封他做了太中大夫。

百姓茶馆 BAIXING CHAGUAN

张骞打仗为什么不行

张骞那么厉害的一个人，怎么打仗就不行呢？陛下派他和匈奴人作战，哪知道一下就打了个大败仗。陛下一气之下判了他死刑，幸好他有足够的赎金，才逃脱死罪，最后变成了一介平民。记得当初他从西域回来时，轰动了整个长安城，被所有人奉为大英雄。可如今，堂堂大使落得这么个下场，真是可惜啊！

陈镖师

某小兵

我看这事儿不全是张骞的错，陛下也有责任。一个优秀的大使，未必就是一个优秀的将领，对吧？陛下不管三七二十一，把张骞往战场上送，不是害他吗？

陛下也不是故意的，不是见他在匈奴住过十多年，熟悉匈奴的情况才派他出征的嘛！哪想到张骞打仗的水平那么差呢？张骞虽然目前成了平民，不过我相信，像他这样杰出的人才，陛下总有一天还会再重用他的。

某小吏

嘻哈园 XIHA YUAN

鸿雁传书 HONGYAN CHUAN SHU

乌孙要不要脱离匈奴控制

穿穿老师：

　　您好，我叫猎骄靡，我的父亲原本是乌孙国国王，后来被匈奴人杀掉了。我刚出生就被抛弃在旷野里，还好我长得白白胖胖，招人喜爱，就连动物们也都很喜欢我。鸟儿为我衔来香喷喷的肉块，野狼趴下来给我喂奶。匈奴的冒顿单于见了，还以为我是神仙，就把我带回去养了。

　　我长大后，为匈奴打了许多胜仗，单于很高兴，将我父亲原来的百姓分给了我，让我驻守西域。我一面安抚百姓，另一面攻打附近的城镇，很快就有了不小的地盘和几万精兵。如今单于死了，我的势力一天天强大起来，所以我想脱离匈奴的控制，重振乌孙国的雄风，您看怎么样？

猎骄靡

猎骄靡：

　　您好，我认为您的决定十分正确，原因有以下两点：首先，匈奴人杀了您父亲，与您有不共戴天之仇；其次，以您现在的兵力，完全可以不必再看匈奴人的脸色行事。所以，请大胆地独立吧，我们支持你！

《穿越报》编辑 穿穿

【后来，猎骄靡果然率领百姓迁移到别处，再也不去匈奴朝拜了。匈奴派兵攻打他，却屡战屡败。这让匈奴人非常惊恐，认为猎骄靡是不可战胜的神，只好退兵了。】

张骞第二次出使西域

公元前119年,刘彻交给张骞一个重任:第二次出使西域。那么这次出使的目的是什么呢?

原来,汉朝与匈奴刚打了一仗,这一次匈奴输得很惨,浑邪王被俘,他在草原上的地盘也就没人管理了。刘彻就想用丰厚的财物,引诱乌孙国迁到这里来,好共同对付匈奴。如果成功,就相当于斩断了匈奴的右臂。而且有了乌孙国做榜样,其他西域小国也会纷纷依附大汉。

就这样,张骞手持汉朝符节,带着三百名随从、六百匹马,成千上万的牛羊,价值千万的钱财、布匹,浩浩荡荡地出发了。这一次,由于通往西域的道路已经打通,不必再经过匈奴的地盘,所以行程非常顺利,使团很快便到了乌孙国。

对汉朝派来的使者,乌孙王猎骄靡表现出了极大的热情。

叱咤风云 CHIZHA FENGYUN

不过,当张骞献上礼物,说明自己的来意后,乌孙王却沉默了。

原来,乌孙国这些年发生了很多大事,再也不是以前那个敢与匈奴叫板的乌孙国了。

乌孙王总共有十几个儿子,其中一个被立为太子,可惜太子命薄,年纪轻轻就死了。临终前,太子死死地抓着父亲的手,说:"父亲啊,我死之后,一定要让我儿子岑娶做太子,不然我死不瞑目啊!"

乌孙王含着眼泪答应了。

太子有个弟弟叫大禄,他是个强悍、勇敢,且善于领兵的人。大禄原以为哥哥一死,就轮到自己做太子了,谁知父亲却将太子之位传给了侄儿,一气之下,领着一万多骑兵造反了。

乌孙王老了,已经没有足够的力量来与儿子抗衡了,他生怕大禄杀掉岑娶,就分给岑娶一万多骑兵,让他去别的地方生活。而乌孙王自己也留了一万多骑兵用以自卫。这样一来,国家一分为三,已经不是乌孙王一个人能做主的了。

张骞感到问题很棘手,便一面

叱咤风云
CHIZHA FENGYUN

与乌孙国交涉，一面派副使出使大宛、康居、大月氏、大夏、安息等其他国家。

在乌孙国待了一段时间后，张骞见彻底没希望了，只好打道回府。乌孙王趁机提出派人护送，顺便见识一下汉朝的天威。于是，张骞和几十个乌孙使者，带着乌孙王献上的几十匹好马，回到了汉朝。

刘彻虽然有些失望，但并没有责怪张骞，还封他为大行，专门掌管外交事务。

一年多后，张骞病死了。这时，出使其他国家的人陆陆续续回来了，几乎都带来了那些国家的使者，原来大伙儿都对汉朝挺感兴趣的。使者们见识了汉朝的辽阔与富有之后，回去报告国王，国王们都很羡慕，纷纷表示愿意与汉朝交好。

名人有约 MINGREN YOU YUE

越越 大嘴记者

张骞 特约嘉宾

嘉宾简介：他是中国历史上出使西域的第一人，也是鼎鼎有名的"丝绸之路"的开创者。有人说，他是一位伟大的冒险家，有人说，他是大汉忠心的臣子，也有人说，他是一名出色的外交官……总之，他叫张骞，一个注定要名垂青史的人！

越　越：张骞大人，您好，现在您可是咱大汉朝的名人呀，上到白发老翁，下到垂髫（tiáo）小童，几乎没人不知道"张骞"这个名字呢。

张　骞：过奖过奖。只可惜，我两次出使西域，都没能完成陛下交给我的任务。

越　越：对呀，为什么您两次出使都没能完成任务呢？当然啦，您肯定是尽力了，可为什么还是失败了？

张　骞：最主要的原因，可能是西域各国对大汉还不了解吧。虽然有些西域小国听说过大汉的名声，可大汉到底有多强大，有多富庶，他们没有亲眼见到，心里还是没底，而匈奴的强悍却是众所周知的，所以他们不敢贸然跟大汉结盟，免得被匈奴人忌恨。

越　越：（恍然大悟）原来是这样啊。不过我相信，通过您这两次出使，西域人一定会慢慢了解大汉，然后拜倒在我们大国的声威之下。

张　骞：哈哈，希望如此。

越　越：除了让西域小国臣服之外，您这两次出使还有什么收获呢？

张　骞：嗯，这两次出使在很大程度上促进了大汉与西域的经济、文化交流。比如大宛国盛产苜蓿（mù xu）和葡萄。多余的葡萄吃不

MINGREN YOU YUE 名人有约

完，还可以拿来酿葡萄酒，这种酒甘甜浓郁，和咱们中原的酒比起来别有一番风味。还有苜蓿是一种很好的牧草，用它养出来的马匹强健壮硕，一日千里。所以我们将葡萄和苜蓿的种子带了回来，好让汉人也喝上香甜的葡萄酒，养出健壮的千里马。

越　越：哇，听起来很不错的样子，那除了葡萄和苜蓿，还引进别的东西了吗？

张　骞：当然啦，多得数不清，像胡桃、石榴、胡麻、胡萝卜、汗血马、地毯等，都是从西域引进来的。

越　越：那您给西域带去了什么呢？

张　骞：咱们汉朝的技术比较发达，所以就教了他们怎么炼钢，怎么凿井，怎么开渠引水，帮他们提高生产水平。我们还带去了汉朝的特产——茶叶和丝绸。

越　越：哈，这个我知道。汉朝和西域的通道畅通之后，我们常常输送丝绸到西方去，后来这条路就被称作"丝绸之路"。

张　骞：是啊，西方人非常喜欢我们的丝绸，说它细如蛛丝，灿若云霞，色彩斑斓，是世上最美丽、最名贵，穿起来最舒服的布料。

越　越：嘻嘻，咱们的丝绸确实担得起这样的赞誉。还有张骞大人您，听说您在西方和丝绸一样受欢迎呢，西域三十六国全都知道您的大名，一提到张骞，都说这是一位真正的朋友。汉朝后来去西域的使者，只要说是张骞派来的，都能得到格外的关照。

张　骞：哈哈，这都是托陛下的福。

越　越：陛下也为您感到自豪，张骞大人。好的，今天的采访就到这里，祝您身体健康。

张　骞：也祝《历史穿越报》越办越好，有更多人喜欢。

广告铺

 算缗令

全国百姓听着，凡不从事生产，通过经商或放高利贷致富的人，都要去地方政府自报家产，每两千缗（mín）钱缴纳一算税。兼营工商业者，每四千缗钱缴纳一算税。

但凡不是官员而有车马的，每辆纳税一算。商人的车马每辆纳税两算。五丈以上的船只纳税一算。

凡是匿财不报，或是报假账的人，一经发现，没收全部财产，罚去边疆守边一年。

胡县县令

（编者注：缗钱即用绳子串起来的钱，一算税即一百二十钱。就这样，算缗令通过扒富人的皮，为朝廷征到了一笔不菲的收入。）

 **大汉与乌孙的联姻公告**

为了促进大汉与乌孙两国之间的友谊，朕决定封江都王刘建之女刘细君为公主，并将其嫁与乌孙王猎骄靡为妻。希望从今以后，大汉与乌孙两国能永远和平相处，共同发展，共同进步，更重要的是能共同对付可恨的匈奴！

刘彻

穿越报
CHUANYUE BAO

第 8 期
公元前140年——公元前91年

人才济济的朝堂
汉武帝卷

【编辑导读】
- 皇帝偏爱哪种人才？

【叱咤风云】
- 大器晚成的公孙弘
- 张汤，是酷吏还是能臣？
- 朝堂中最耿直的大臣——汲黯

【文化广场】
- 后来居上的由来
- 《史记》：一部伟大的史书诞生了

【名人有约】
- 特约嘉宾：公孙弘

【广告铺】
- 派苏武出使匈奴诏书
- 迁茂林令

穿越必读 CHUANYUE BIDU

武帝自登基起，便不断发布诏书，广纳天下人才。武帝用人，不论出身，不论家世，只论真才实学。因此，在武帝当政的五十四年中，朝堂上涌现出数不尽的人才。

编辑导读 BIANJI DAODU

皇帝偏爱哪种人才？

近日，有人问了本报编辑一个有趣的问题：当今陛下偏爱哪一种人才？

提问的人是一个性格谨慎，且自认有些才能的书生，他想向朝廷自荐，可又摸不清陛下的脾气，所以才向本报编辑求助。编辑给他的回答是，其实他大可不必担心这样的问题，因为当今陛下胸襟广阔，海纳百川，无论是哪一种类型的人才，统统都会收入囊中！

比如公孙弘，一个六十多岁的老头，因为曾与少年皇帝话不投机，曾一度死心回家养老，可是金子总会发光，当他第二次进入朝堂时，竟做了一人之下、万人之上的丞相！

比如张汤，一个冷血无情的酷吏，但因为有能力，办事周到，深得皇帝信赖。

比如汲黯，性格耿直，我行我素，经常将皇帝噎得说不出话来。尽管这样，皇帝也舍不得惩办他，还将他看作朝中少有的大忠臣。

再比如桑弘羊，他出生在低贱的商人之家，却因为能力卓越，被皇帝拜为治粟都尉。

所以，你要问皇帝喜欢什么样的人才，答案只有一个：有能力的人！现在，就让我们一起去看看武帝一朝那些形形色色的能臣吧。

CHIZHA FENGYUN 叱咤风云

大器晚成的公孙弘

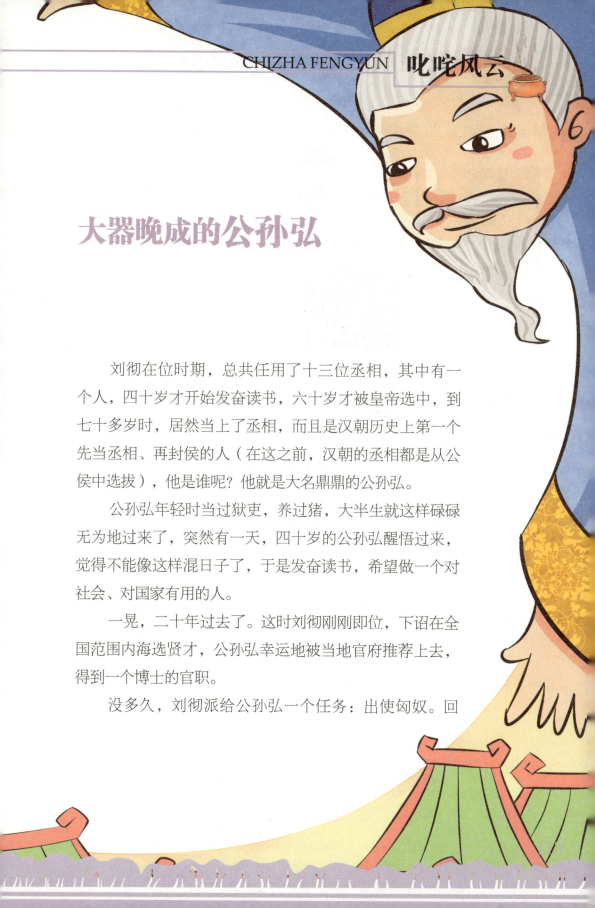

刘彻在位时期，总共任用了十三位丞相，其中有一个人，四十岁才开始发奋读书，六十岁才被皇帝选中，到七十多岁时，居然当上了丞相，而且是汉朝历史上第一个先当丞相、再封侯的人（在这之前，汉朝的丞相都是从公侯中选拔），他是谁呢？他就是大名鼎鼎的公孙弘。

公孙弘年轻时当过狱吏，养过猪，大半生就这样碌碌无为地过来了，突然有一天，四十岁的公孙弘醒悟过来，觉得不能像这样混日子了，于是发奋读书，希望做一个对社会、对国家有用的人。

一晃，二十年过去了。这时刘彻刚刚即位，下诏在全国范围内海选贤才，公孙弘幸运地被当地官府推荐上去，得到一个博士的官职。

没多久，刘彻派给公孙弘一个任务：出使匈奴。回

叱咤风云 CHIZHA FENGYUN

来后，公孙弘一五一十地向刘彻汇报出使的情况，说着说着，他就发现皇帝的神色不对劲了，刚开始刘彻还耐着性子听他讲，后来越听越不耐烦，一挥手，把他打发走了。

公孙弘很受打击，他忽然意识到，自己一个六十多岁的老头，和这个十几岁的少年皇帝之间有着不可逾越的鸿沟。得不到皇帝的青睐，留在京城也没用，更何况伴君如伴虎，一个不小心，还可能招来杀身之祸，公孙弘是个聪明人，于是他装病辞去官职，回家养老去了。

过了几年，刘彻又下诏在全国内选拔人才，当地官府又推荐了公孙弘，公孙弘这次怎么也不肯去了，可他又拗不过官府，只好心不甘情不愿地去京城参加考试。谁知这一去就中了头彩，刘彻将他写的文章评为第一名，又让他当了博士。

有了上次的教训，公孙弘学乖了，做任何事前都先看皇帝的脸色。朝堂上，大臣们禀告事情，公孙弘就躲在后面察言观色，等把皇帝的心思琢磨得差不多了，他才发言，最后深得皇帝喜欢。

公孙弘活了八十多岁，不仅洞明世事，精通人情，而且还有满肚子学问，因此在官场上一路飞升，从博士到左内史，再到御史大夫（副丞相），最后终于坐上了丞相的宝座。

张汤，是酷吏还是能臣？

张汤是个很有争议的人物。有人说他心狠手辣，冷血无情，是个名副其实的酷吏；也有人说他严守法令，能力非凡，是一个难得的能臣。

那么张汤究竟是怎样一个人呢？

张汤是杜县人，父亲曾任长安县的县丞。有一次，父亲去外面办事，让小张汤看家。父亲回来后，发现家里的肉不见了，非常生气，把小张汤狠狠揍了一顿。小张汤心里十分憋屈，就想把"罪魁祸首"找出来泄泄愤。

找啊找，他还真找到一个老鼠洞。洞里有只胖老鼠，还有一些没吃完的肉。好哇，这下人赃俱获，看你还有什么好说的！小张汤就坐在屋子中间，审问起老鼠来：

"说，什么时候犯的案？"

"什么，不是你干的？"

"还不承认？来人，给我大刑伺候！"

叱咤风云 CHIZHA FENGYUN

几番严刑审问下，老鼠被折磨得不成鼠样。小张汤还不解恨，又判了老鼠个"分尸"的酷刑。这一切，把在一旁观看的父亲惊得目瞪口呆，心想，这小子心狠手辣，倒是干狱吏的料，于是就让他学写判案的文书。

父亲去世后，张汤子承父位，在长安县当了一个小吏，后来步步高升，被调到京城做官。

陈皇后巫蛊案爆发时，刘彻派张汤去查。为了讨皇帝欢心，张汤尽可能地牵扯进来更多的人，最后除陈皇后外，其他人统统被杀掉了，一时间，竟导致长安城几十户豪门家破人亡。刘彻对张汤的表现很满意，将他大大地表扬了一番，又给他升了官。

后来淮南王造反，刘彻又派张汤去查，张汤办案的原则仍旧是把能牵连的人全都拉进来，统统治死罪。其中有两个案犯，一个叫严助，另一个叫伍被，刘彻本想网开一面，放了他俩，可张汤说："伍被是谋反案的策划者，而严助作为陛下的亲信，却私自结交诸侯，如果不严惩他俩，法律还有什么用呢？"

叱咤风云

刘彻被说动了，同意杀掉严助和伍被，不久又将张汤提拔为御史大夫。

张汤就这样踏着他人的鲜血，一步一步迈向权力的顶峰。所以有人说他是酷吏，一点儿也不冤枉他，说他是能臣，也不为过。因为他杀的正好是皇帝想杀的人——不听话的豪门贵族，而对待平民百姓，张汤常常网开一面，从轻处罚。

所以关于张汤的评价众说纷纭，有人赞同他严守法令，也有人痛恨他赶尽杀绝。至于他究竟是否能成为当朝官员的榜样，那就是仁者见仁，智者见智的事情了。

内朝厉害还是外朝厉害

听说陛下设立了一个内朝,谁能告诉我内朝是什么,与外朝有什么不同?

铁匠阿四

私塾先生老杜

这都不懂?内朝就是由皇帝和近臣组成的一个小朝廷,而外朝呢,就是正规的朝廷。举个例子,像皇帝的随从啊,宾客啊,就是内朝的人;而有正规官职的丞相、太尉、御史大夫等,就是外朝官。

那到底是内朝官厉害,还是外朝官厉害呢?

木匠小曹

私塾先生老杜

表面上是外朝官厉害,但实际上内朝官更厉害一点。你想想,内朝官是皇帝的亲信,皇帝当然更信任他们。外朝官官职再高,权力再大,只要内朝官去皇帝跟前打个小报告,就有他们受的。皇帝之所以设置内朝,也是为了让内朝与外朝对峙,防止外朝权力过大,威胁皇权。

鸿雁传书

颁布推恩令的目的是什么

穿穿老师：

　　您好，我是汉朝的一位诸侯王，具体名字就不透露了。最近陛下颁布了一项推恩令，大概内容是，允许诸侯王将封地分割成几块，分别传给几个儿子，儿子临终前再将封地分割，分别传给孙子。

　　据陛下解释，这么做的目的是为了我们好，可以把家产平均分给子孙们，不至于太偏心。话虽没错，可我总觉得这里面还有内容。穿穿老师，您说陛下颁布推恩令的目的到底是什么呢？

一个不愿透露姓名的诸侯王

这位王侯：

　　您好，据我所知，推恩令最早是由中大夫主父偃提出来的，当时他是这么说的：

　　"过去诸侯的封地很小，不超过一百里，很容易控制。可如今诸侯的封地动不动就有几十座城池，绵延上千里，一旦作起乱来，中央很难控制。如果下令削减他们的土地呢，他们又会不满，搞不好还要造反，七国之乱就是这么发生的，所以只能想其他的办法。"

　　"如今一个诸侯往往有好几个，甚至几十个儿子，但却只有一个儿子能继承王位。这样做未免有些偏心，其他儿子也是儿子，为什么就分不到家产呢？所以我建议，陛下宣扬仁孝，广施恩德，允许诸侯把土地平分给每个儿子，让儿子们都能做上诸侯。这样一来，陛下表面上施行了恩德，实际上却削弱了诸侯的实力。"

　　现在，您明白陛下颁布推恩令的目的了吧！没错，就是要削弱诸侯的力量，便于中央集权。只可惜，即使你们知道陛下在坑你们，却也无可奈何。没办法，谁叫主父偃出的点子太妙了呢！

《穿越报》编辑

叱咤风云 CHIZHA FENGYUN

朝堂中最耿直的大臣——汲黯

当今朝堂中人才济济,其中正直、忠诚的大臣不在少数,不过若要评出一个最耿直的人,那便非汲黯莫属啦!

说起汲黯来,他也是个很有趣的人物呢。公元前138年,东南边境传来消息,闽越国要打东瓯国,刘彻就派汲黯去探探风。汲黯走啊走,走到吴地,又折了回来。刘彻问他怎么回事,汲黯说:"越人就喜欢打来打去,让他们打吧,不值得劳烦天子。"

刘彻顿时很无语。

又有一次,河内郡发生火灾,烧了几千户人家,刘彻派汲黯去视察。汲黯走啊走,走到河南郡,停住了脚步。原来当地气候恶劣,常年不是水灾就是旱灾,百姓的日子过得十分艰难,还出现了人吃人的现象。汲黯心里很不是滋味,便拿着符节,命当地官府打开粮仓,赈济灾民。

回到京城后,汲黯先是报告火灾的情况,说:"陛下,不过是有户人家不小心失了火,由于房子密集,才酿成了大火灾,没什么特别的。"他顿了顿,又把自己假传圣旨,开仓赈灾的事情说了一遍。

刘彻再次无语。

公元前121年,匈奴的浑邪王率部下向汉朝投降,刘彻大喜,下令派两万辆车去接,可马匹不够,怎么办?只好去找老百姓借。可老百姓也不容易,年年打仗,年年征兵征粮,百姓早就一穷二白了,听说国家又要征用马匹,一个个都不乐意,纷纷把马藏了起来。

长安县令完不成任务,刘彻气得要杀他。这时汲黯正担任右内使,是长安县令的上司,见下属有难,汲黯站出来说话了:"长安县令没有错,陛下还是杀我吧。只要杀了我,百姓肯定会把马献出来。"

叱咤风云 CHIZHA FENGYUN

汲黯接着又说:"其实,咱们只要沿途让人准备好马匹就行了,何必在全国内大肆征马,搅得百姓不得安宁?"

刘彻又一次沉默了,但仍旧没有怪罪他。

汲黯连皇帝都敢直言顶撞,对同僚就更不给情面了。

当时,酷吏张汤很得皇帝宠信,汲黯却很看不惯他。有一次,张汤要更改法令,汲黯不同意,当着皇帝的面把张汤骂了个狗血淋头:"你身为正卿,上不能弘扬先帝功业,下不能遏制百姓的邪念,却为了成就自己的功业,破坏国家法律,尤其还胡乱更改高祖制定的规矩,你这么做,早晚要遭人唾骂!"

结果是张汤被骂得面红耳赤,刘彻在一旁听得目瞪口呆。

有人觉得奇怪,汲黯性子这么直,得罪了皇帝那么多次,怎么还能好端端地立在朝堂中,既没有被抄家,也没有被砍头呢?答案很简单,因为皇帝心里明白,汲黯虽然说话难听,但其实一心为了江山社稷,是个大忠臣,所以才舍不得杀掉他呢。

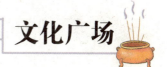

后来居上的由来

有一次，刘彻在朝堂上就"儒学"发表自己的看法，正说得兴起，主爵都尉汲黯当场给他"泼了一瓢冷水"："陛下表面仁义，内心的欲望却很多，这样怎能真正仿效唐尧虞（yú）舜呢？"

刘彻脸色一变，当场罢朝。

回到内廷，刘彻气呼呼地对侍臣说："这个汲黯，真是又蠢又直！"

就在大家都以为汲黯这次肯定吃不了兜着走的时候，刘彻却并没有怪罪他，不过从这以后，也没有再给他升官。

汲黯做主爵都尉的时候，公孙弘、张汤都还没发迹，后来这两人一路飞升，很快就与汲黯平起平坐，再后来，两人继续飞升，一个做了丞相，另一个做了御史大夫，可汲黯还蹲在原地没挪窝。

汲黯很委屈，就跟刘彻说："陛下任用大臣，怎么像堆柴火一样，把后来的倒堆在了上面。"（这就是成语"后来居上"的由来。）

刘彻知道汲黯在发牢骚，很不高兴，转脸对群臣说："你们听听，汲黯说话越来越离谱了，所以人啊，真是不能不学习。"

嘻哈园 XIHA YUAN

文化广场

《史记》：一部伟大的史书诞生了

公元前91年，一部伟大的史学巨著《史记》诞生了。全书共一百三十个篇章，洋洋洒洒五十二万字，记载了从黄帝时期到公元前122年，总共三千多年的历史。可以说，它既是一部伟大的史学著作，也是一部杰出的文学巨著。

这本书的作者是当朝太史令司马迁，他的一生也是百转千回，跌宕起伏，一点也不比他书中的人物逊色。

司马迁的父亲叫司马谈，原本也是太史令。虽然官职不大，但他却有雄心壮志，发誓要写一本流传千古的史书。后来，武帝去泰山封禅，司马谈因为生病，没有去成，这让他心情很郁闷，结果病情加重，很快就死了。

临死前，司马谈叫来儿子司马迁，说："我们的祖先是周朝的太史，曾

125

文化广场 WENHUA GUANGCHANG

经显赫一时，只可惜后来衰落了，这个家族难道最后要断送在我手里吗？我死后，你会接任太史令，到时你千万不能忘记为父毕生的志愿啊。"

司马迁含着眼泪答应了。

司马谈死后，司马迁果然继承了父亲的职位，从此潜心研究历史，完成父亲的遗愿。

公元前99年，李陵领命攻打匈奴，却因为寡不敌众，兵败投降了。消息传到长安，刘彻十分生气，将李陵的家人全都下了监狱。

大臣们见皇帝怒气冲天的样子，都不敢为李陵辩解，唯独司马迁说："李陵带着不足五千步兵，深入敌人腹地，和几万匈奴作战，虽然败了，可他杀了那么多匈奴，也算对得起天下啦。更可

> 父亲，我一定帮您完成心愿！

况，我看李陵也不是真心投降，而是想保住一条命，找机会报效朝廷。"

听了这话，刘彻怒不可遏，说："你如此费心为一个叛徒辩解，是存心与朝廷作对吗？"于是把司马迁也下了监狱。

不久后，司马迁被判了腐刑。这是一种令人感到极其耻辱的酷刑，本来可以花钱赎罪，可司马迁家里穷，拿不出钱来，只好受了刑。因为这事儿，司马迁曾一度想不开，差点去自杀，可他心里还有一件事放不下，那就是父亲的遗愿。

于是，司马迁将耻辱抛在脑后，开始奋笔疾书。终于，十三年后，一本伟大的史学著作《史记》诞生了。而司马迁这个名字，也伴随这本巨著千古流芳！

名人有约 MINGREN YOU YUE

 **越越** 大嘴记者

公孙弘 特约嘉宾

嘉宾简介： 他大器晚成，六十岁才得到朝廷任用，七十多岁才登上丞相的宝座。他圆滑世故，在官场上如鱼得水，平步青云。同时，他也是个心胸狭窄、睚眦（yá zì）必报的人，与朝中最耿直的大臣汲黯结下过仇怨，并曾一度想置其于死地。

越　越：公孙丞相好，听说您与汲黯大人不和，是真的吗？

公孙弘：这事儿是汲黯先挑起的，要不是他老在陛下跟前告状，我也不会报复他。

越　越：哦，他是怎么挑起的呢？

公孙弘：记得那次上朝，汲黯当着文武百官的面给我难堪，说齐地的人都很狡猾，像我公孙弘，本来一开始在朝堂下跟他们说好了，等到了陛下跟前怎么怎么说，可事到临头又反悔，是个大大的奸臣。

越　越：那您是怎么回应的呢？

公孙弘：我就说，了解我的人都知道我是忠臣，不了解我的人才说我是奸臣。

越　越：这样一来，汲黯没话说了。

公孙弘：是啊，听了我的回答，就连陛下都站在我这边。汲黯那家伙想扳倒我，没门！

越　越：可是据我所知，汲黯不是个无事生非的人，他弹劾您，一定有他的理由吧。公孙大人您到底有没有干过那种事情呢。

公孙弘：这个嘛……你知道伴君如伴虎，若是不能随机应变，又怎么能在官场上混得风生水起呢？

越　越：噢，我明白了。除了这一次，汲黯还针对过您吗？

公孙弘：我做御史大夫那会儿，有一次汲黯又当着百官的面弹劾我，说我作为副丞

名人有约

相，明明薪水高得很，却硬要装穷，每天吃粗茶淡饭，盖薄棉被，是标准的伪君子。

越越：那您这次是怎么回应的呢？

公孙弘：我就说汲黯最了解我。别的高官都过着锦衣玉食的生活，我身为御史大夫，却每天粗茶淡饭，为的就是博取一个清廉的好名声。

越越：呀，这么说可不妙。

公孙弘：可是这又能说明什么呢？春秋时期的齐国丞相管仲有三处豪宅，过着帝王般的生活，但他却能辅佐齐桓公成就一代霸业。而齐国的另一个丞相晏婴，生活简朴，饭桌上从不出现两份肉菜，妾室们从不穿丝绸衣裳，最终也成了一代良相。这说明，一个官员是奢侈还是朴素，跟他是否能辅佐皇上治理天下毫无关系。

越越：这番话说得真妙，不愧是公孙大人。汲黯这样三番两次攻击您，您是怎么处理的呢？

公孙弘："以其人之道，还治其人之身"呗。汲黯能弹劾我，我也能弹劾他。有一次，李广利将军征讨大宛，带回一匹千里马。陛下爱马，一时高兴，写了首《西极天马歌》来祭神。汲黯却说陛下得了匹马就写歌，还在宗庙里演奏，真是太儿戏了。陛下一听很不高兴，半天没说话。

越越：看来您报复的机会来了。

公孙弘：哈哈，是的。我就跟陛下说，汲黯诽谤陛下写的歌，应当杀掉。只可惜陛下没有听我的话。

越越：没有听是对的，汲黯是个大忠臣，虽然嘴巴毒了点，可心是好的，这一点陛下很清楚。希望公孙大人不要为了个人恩怨，置江山社稷于不顾，同僚之间还是以和为贵比较好。今天的采访就到这里，公孙大人再见。

广告铺

派苏武出使匈奴诏书

天汉元年（公元前100年），匈奴单于向我大汉示好，说"汉朝天子是我的长辈"，并将之前扣留的汉使一一放还。朕深感欣慰，作为回报，朕决定将之前扣留的匈奴使也放还回去，由中郎将苏武护送，并向单于奉上我大汉的祝福和礼物，钦此。

刘彻

（编者注：苏武出使后，却被匈奴人扣留下来，之后还把他送到冰天雪地的北海牧羊，直到十九年后，在位的汉昭帝才派人将苏武接了回来。）

迁茂林令

从元朔二年（公元前127年）起，国中凡是家财在三百万钱以上的巨富之家，一律迁徙到京城附近的茂林。对于迁徙户，政府亦不会亏待你们，每户补贴二十万钱，还可脱去商家身份，钦此。

刘彻

（编者注：迁茂林令的目的是为了"均富"。富户迁徙到茂林，便不得不贱卖家中的田地，政府趁机低价收购田地，分给贫苦百姓，由此实现"均富"的目的。）

穿越报
CHUANYUE BAO

【编辑导读】
- 名将的风采

【叱咤风云】
- 卫青：谦虚低调的大将军
- 霍去病：年少得志的冠军侯
- 李广：生不逢时的一代老将

【名人有约】
- 特约嘉宾：李陵

【广告铺】
- 设立朔方、五原二郡诏书
- 讣告
- 征讨大宛诏书

【智者为王】
- 第3关

第 9 期
公元前127年—公元前104年

武将与沙场

汉武帝青

 穿越必读 CHUANYUE BIDU

　　武帝在位的五十四年里，与匈奴交战的时间长达四十多年，期间涌现出了大批抗匈名将。他们转战千里，视死如归，在茫茫的大漠中与匈奴缠斗厮杀，斗智斗勇。终于，一场气势恢宏的漠北之战，奠定了汉朝最后的胜利，从此漠南再无匈奴王庭，大汉终于得以扬眉吐气。

编辑导读 BIANJI DAODU

名将的风采

茫茫大漠中，汉军与匈奴的厮杀声仿佛依稀在耳边回响。说起大汉今天的和平安宁，实在不能不提那些在战场上运筹帷幄、挥斥方遒的名将们。

大将军卫青，敦厚稳重，胸怀宽广，拥有一颗仁爱谦和之心。而他的战术，正和他的为人一样，稳扎稳打，步步为营，让匈奴人无处可逃。

骠骑将军霍去病，年仅十七岁便建功封侯，闻名天下。年少轻狂的他，甚至有些跋扈嚣张，可正是这种嚣张令匈奴闻风丧胆。霍去病的战术也和他的为人一样，迅速果敢，锋芒毕露，往往是经过一番长途奔袭后，出其不意，一刀扎进敌人的心脏。而那一句"匈奴未灭，何以为家"，铿锵豪迈，掷地有声，说出了所有大汉将士的心声。

老将李广，射技天下第一。他外出打猎一箭中石的事迹，已被人们传为千古美谈。

就连降将李陵也是满怀一腔报国热情，即便后来投降匈奴，亦不肯为匈奴出力，宁愿将自己一身的军事才华白白浪费掉，也绝不与汉朝作对。

现在，就让我们走近这些名将，一睹他们的风采吧。

CHIZHA FENGYUN | 叱咤风云

卫青：谦虚低调的大将军

说起卫青，大家一定不陌生，当年他直捣龙城，斩杀匈奴七百人的光辉事迹一直被人们津津乐道。战斗结束后，皇帝论功行赏，封他为关内侯。

从这以后，卫青又接二连三地打击匈奴。公元前124年，卫青带领三万兵马，一路追匈奴到长城以外。匈奴人没想到卫青这么能追，还以为很安全呢，于是在大帐中饮酒作乐，一个个喝得东倒西歪。这时，卫青已经趁黑摸进匈奴营地，把他们团团包围住了。

等匈奴人醒来时，已经来不及了。除了右贤王在亲信的掩护下逃走外，剩下的十几个大王小王，统统成了卫青的俘虏。

刘彻收到战报,心花怒放,立刻派使者拿着大将军印去军营,封卫青为大将军。

刘彻还想给卫青的三个儿子封侯,卫青谦虚地说:"我能打胜仗,都是将士们的功劳,我那三个小娃娃乳臭未干,啥都没干,怎敢接受陛下的封赏?"

刘彻见卫青这么低调,心里更高兴了,于是就将他手下的几位将军封了侯。

卫青不仅低调,脾气也好得没话说。他被拜为大将军后,朝中的文武百官都争先恐后地巴结讨好他,只有汲黯例外,汲黯见了他,也只是淡淡地作个揖。

有人就跟汲黯说:"你这个傻瓜,皇帝希望大家都来拜见大将军,怎么就你一个人不拜?"

汲黯板着脸说:"难道我不拜见大将军,大将军就不尊贵了吗?"

卫青听了这事,不气也不恼,还挺敬佩汲黯的为人。

公元前119年春天,刘彻再次派卫青和霍去病各带五万兵马,从东西两面夹击匈奴。卫青穿过沙漠,行了一千多里路,竟

叱咤风云
CHIZHA FENGYUN

然遇到了匈奴单于。卫青大喜过望,立刻摆开阵势,迎战匈奴。

两军大战,打得天昏地暗,日月无光。

终于,匈奴单于招架不住了,转身就跑,卫青在后面紧追不舍,一直追到赵信城,发现城里的匈奴兵都跑光了,由于逃得仓促,很多粮草都没有带走。卫青于是停下追击的脚步,和士兵们饱餐了一顿,烧光剩余的粮草,胜利凯旋。

而另一头,霍去病也越过茫茫沙漠,行了两千多里路,和匈奴的左贤王大战一场,消灭了七万多名匈奴兵,俘虏了八十多名王爷和官员。

这场战争被称为"漠北之战",是汉朝有史以来进行的规模最大、追击匈奴最远的一场战役。从此以后,匈奴被迫撤退到大漠以北,大漠以南再也看不到匈奴人的身影了。

叱咤风云 CHIZHA FENGYUN

霍去病：年少得志的冠军侯

霍去病是卫青的外甥，从小喜欢骑马射箭，练得一身好武艺。

公元前123年，霍去病第一次跟着卫青去漠南跟匈奴作战。匈奴听说汉军人马多，转身就跑。卫青派出四路人马分头追赶，追了一整天，没一个找到匈奴主力，只好没精打采地回来了。

再说霍去病，领着八百个壮士，一路向北追赶，追了几百里路，终于望见了匈奴的营帐。他们偷偷靠

骑马射箭难不倒我！

近，挑了一个最大的帐篷，猛地冲进去。霍去病手起刀落，一刀把里面看上去最像头头的人给砍了。没了首领，匈奴兵顿时变成了无头苍蝇，四处逃散。霍去病和壮士们一口气杀了两千名匈奴兵。

霍去病提着一个脑袋，押着两个俘虏，回去向卫青复命。卫青一看喜出望外，原来被砍的是匈奴单于爷爷一辈的王，而两个俘虏一个是单于的叔叔，另一个是单于的相国。

刘彻更是喜不自禁，大大夸奖了霍去病一番，封他为冠军侯，这一年，霍去病才十七岁。

公元前121年，刘彻任命霍去病为骠骑将军，率一万骑兵攻打匈奴。汉匈大战六天六夜后，匈奴节节败退，霍去病紧追不舍，结果越追越远，越过燕支山，追了一千多里地。那里有很多匈奴的属国，如浑邪国，休屠国等。于是霍去病顺便抓走了浑邪国的王子和相国，匈奴单于大怒，要杀浑邪王，浑邪王一害怕，和休屠王双双向汉朝投了降。

霍去病再次给了刘彻一个大大的惊喜，刘彻高兴之下，要为霍去病盖一座豪宅。

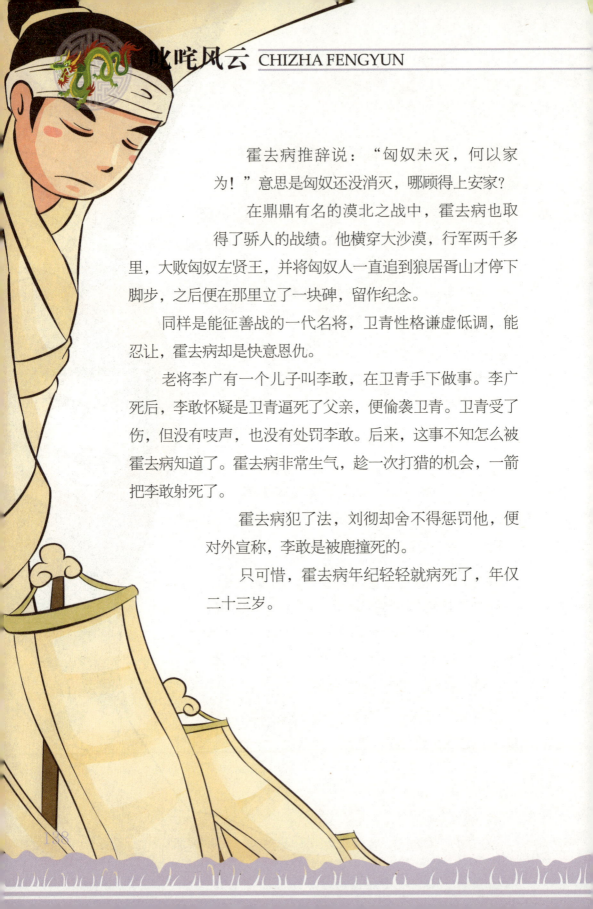

霍去病推辞说："匈奴未灭，何以家为！"意思是匈奴还没消灭，哪顾得上安家？

在鼎鼎有名的漠北之战中，霍去病也取得了骄人的战绩。他横穿大沙漠，行军两千多里，大败匈奴左贤王，并将匈奴人一直追到狼居胥山才停下脚步，之后便在那里立了一块碑，留作纪念。

同样是能征善战的一代名将，卫青性格谦虚低调，能忍让，霍去病却是快意恩仇。

老将李广有一个儿子叫李敢，在卫青手下做事。李广死后，李敢怀疑是卫青逼死了父亲，便偷袭卫青。卫青受了伤，但没有吱声，也没有处罚李敢。后来，这事不知怎么被霍去病知道了。霍去病非常生气，趁一次打猎的机会，一箭把李敢射死了。

霍去病犯了法，刘彻却舍不得惩罚他，便对外宣称，李敢是被鹿撞死的。

只可惜，霍去病年纪轻轻就病死了，年仅二十三岁。

李广：生不逢时的一代老将

在沙场上，除了卫青、霍去病这种年轻有为的名将外，汉朝还有一位威名赫赫的老将，他就是李广。

李广刚从军的时候，也是一个英姿飒爽、意气风发的青年，只可惜生不逢时，那会儿文帝当政，汉朝正与匈奴和亲，李广空有一身胆识和武艺，却得不到发挥。

说起李广的本领，就不得不提到他的射技。据说有一次，李广去山里打猎，转了一圈，没什么收获，正失望的时候，突然发现灌木丛里伏着一个硕大的猎物。看这体形，多半是只猛虎。李广不禁大喜，立刻拈弓搭箭，一箭命中。

叱咤风云 CHIZHA FENGYUN

可等李广走近一瞧，却发现射中的根本不是老虎，而是一块大石头。箭头深深没入石中，拔都拔不出来，可见李广的射技有多高超。

只可惜，这样一位勇猛无敌的老将，最后竟落得个引刀自杀的下场，这是怎么回事呢？

原来，到刘彻这一朝的时候，李广年纪大了，刘彻便有些嫌弃他，不想再用他了。李广不服老，每次边关烽烟一起，便主动请求出征，最后刘彻被他缠得没办法了，只好批准他去了。

公元前119年，李广以前将军的身份，跟随大将军卫青出征塞外。卫青捉到一个匈奴兵，从他嘴里打探到匈奴单于的窝藏点，便带兵去追，同时命李广从东路出发，包围单于。

李广很不乐意，因为东路太远，等他到达目的地，估计仗都打完了。

李广就跟卫青说："我年少从军，好不容易等到今天这个机会，我愿做先锋，跟匈奴单于决一死战。"可却被卫青一口拒绝了。

原来，出征前刘彻就吩咐过卫青，李广年纪大了，千万不要让他跟单于对阵。卫青谨记皇帝的告诫，将机会给了救过自己一命的中将军公孙敖。

CHIZHA FENGYUN 叱咤风云

　　李广非常生气,认为卫青因公徇私,因此连招呼都没打,就领着大军出发了。更倒霉的是,因为没有向导,军队迷了路,在草原上绕了半天圈子,等好不容易赶到的时候,仗果然打完了。

　　这时卫青正要给皇帝写战报,便派人去审李广。

　　李广悲愤地说:"我李广一辈子跟匈奴打了大大小小七十多仗,好不容易等到与匈奴单于交战的机会,大将军却把我调开了,偏偏我还迷了路,难道这就是天意吗?唉,我今年已经六十多了,不能再受刀笔小吏的侮辱了。"说完,拔刀自杀了。

　　听到这个消息,很多将士都哭了,老百姓也唏嘘不已,说:"李将军英雄一世,没想到最后落得这么个下场,真是可悲可叹啊!"

难道这就是天意!

鸿雁传书 HONGYAN CHUAN SHU

李广为什么一生不得封侯

穿穿老师:

您好,我是一名小士兵,我的偶像是李广老将军,虽然他已经去世了,但他永远活在我心中。关于李广将军,我有一个很大的疑问:为什么他一生都没被封侯?

在战场上,他立了那么多功,杀了那么多敌人,名声也是天下皆知。很多才干不如他的人都封了侯,甚至一些原本在他手下做事的军官和士兵也都封了侯,可偏偏李广将军不得封侯,这到底是什么原因呢?

某小兵

这位小兵:

你好,李广将军神勇无敌,名扬四海,也是我的偶像。不过,偶像并不是完美的,偶像也会有缺点。记得当年,李广做陇西太守的时候,有一次羌人叛乱,李广将军不愿大动干戈,便诱使他们投降。可等羌人真的降了,李广将军却出尔反尔,把他们全杀了。

大家都知道,杀降是很不道德的行为,因此这成了李广将军一生中最大的污点,这大概也是他不得封侯的原因吧。

《穿越报》编辑

百姓茶馆

BAIXING CHAGUAN

汉朝三大将，个个是外戚

猎人老张：你们没有发现，咱们大汉的三大名将：卫青、霍去病和李广利，个个都是从外戚中提拔上来的。不知大家对这个现象怎么看？

渔夫小李：嗯，没错，卫青是靠姐姐卫子夫的关系，才得到陛下的任用，霍去病也是。而李广利呢，是因为妹妹李夫人得宠，才得到了领军打仗、建功立业的机会。看来陛下还真是任人唯亲啊，喜欢谁，就提拔谁家的亲戚。

铁匠阿黄：话虽如此，可不得不说陛下的眼光实在是不错，除李广利差了点外，卫青和霍去病随便一个上去，就能把匈奴人打得屁滚尿流，换作别人，未必有这样的本事呢。

小兵豆豆：是啊，陛下不仅有发掘人才的眼光，还有驾驭人才的能力。这些外戚即便权力再大，功劳再高，也被陛下死死地拿捏在手里，完全不存在功高盖主的问题。

嘻哈园 XIHA YUAN

名人有约

MINGREN YOU YUE

越越 大嘴记者

李陵 特约嘉宾

嘉宾简介：李陵是李广的孙子，也是汉朝最有争议的一位将领。他曾经以寡敌众，用区区五千步兵，大败匈奴三万骑兵，然而最终他却向匈奴投降了。有人说他没有错，投降是迫不得已的选择；也有人说他没气节，是大汉朝的耻辱。那么，他究竟是怎样一个人呢？

越　越：李将军，您好，在大漠住得习惯吗？

李　陵：（苦笑不答）

越　越：能跟我们说说，当初您为什么投降匈奴吗？

李　陵：唉，说来话长。只怪当时年少轻狂，在陛下跟前许下诺言，说愿以区区五千人马，直捣匈奴王庭。

越　越：（皱眉）五千人马？直捣匈奴王庭？李将军您这海口也夸得太大了。

李　陵：也不算夸海口啦，其实只要等到合适的战机，我还是很有把握的，只可惜被路博德坏了事。路博德年纪比我大，战争经验比我丰富，可这次陛下却派他做我的后援，他心里不乐意，就跟陛下说，现在刚进入秋季，匈奴的马正膘肥体壮，不能跟他们打，最好等到春天。

越　越：这好像没什么问题啊？

李　陵：可陛下认为是我指使路博德这么说的。

越　越：咦，这跟您有什么关系？

李　陵：当初陛下打算多给我些人马，我没要，坚持要以少胜多，陛下本来挺高兴，可路博德这一番话，让他对我产生了怀疑，认为我出尔反尔，不敢与匈奴打了。

名人有约 MINGREN YOU YUE

越　越：唉，李将军你可真冤枉啊，后来呢？

李　陵：后来，陛下大怒，命我立刻与匈奴开战！

越　越：这下坏了事……

李　陵：我不敢违背圣旨，立刻领兵北行，结果遇到三万匈奴主力。

越　越：（大惊失色）五千对三万，还不赶紧逃？

李　陵：逃跑不是我的作风，我们跟他们打了个日月无光，最后大获全胜。

越　越：最后大获全胜？将军威武！真不愧是李广将军的后代！后来呢？

李　陵：后来他们的救兵来了，我们又跟他们打了一仗，打到最后，箭全射光了，没了武器，就没法儿打下去了，所以就败了，唉！

越　越：将军不必自责。五千对几万，武器又不够，换做任何一个将领都会输的，只是不该投降啊！

李　陵：我原本想，留得青山在，不怕没柴烧，不如先假装投降，再找个机会逃出去。

越　越：啊，原来将军是诈降啊！太好了！（压低声音）将军，事不宜迟，我这里有套记者装，您赶紧换上，等下跟我们混出去。

李　陵：（苦笑，摇头）不必了，我已经回不去了。

越　越：为什么？

李　陵：陛下听说我给匈奴人练兵，一气之下，将我全家都杀了。如今我已无家可归，还回去做什么？

越　越：（大惊）怎么会这样？将军您既是诈降，干吗还给匈奴人练兵呢？

李　陵：（悲愤）是陛下弄错了！替匈奴人练兵的是李绪，不是我李陵！这个叛贼让我背了黑锅，已经被我杀掉了！

越　越：啊，原来李将军又被冤枉了，您可真倒霉啊！

李　陵：（叹了一口气）算了，不说了，如今我已娶了匈奴公主，在草原上安了家，大汉我是不会再回去了。不过我可以保证，这一生绝不与大汉作对。记者你请回吧，我没什么可说的了。

广告铺

设立朔方、五原二郡诏书

元朔二年，卫青、李息出兵攻打匈奴，成功收复了河套以南的先秦领土，朕大感欣慰，决定在此设立朔方和五原二郡，特此昭告天下。

刘彻

 讣 告

元封五年，大将军卫青不幸病逝。卫将军一生驰骋沙场，攻无不克，曾令匈奴人闻风丧胆，扬我大汉国威。他的去世，让我们痛失了一位好将军，一位大英雄，为了寄托对将军的哀思，兹于明日在将军府举办葬礼，请各位亲朋好友按时参加。

大将军府

征讨大宛诏书

朕因喜爱西域宝马，特于太初元年派使者前去大宛国求购汗血马，谁知大宛人阴毒狡猾，不卖也就算了，竟然还杀我使者，抢我财物，如此嚣张，难道是欺负我大汉无人？因此，朕决定派"贰师将军"李广利征讨大宛，务必给我狠狠打击大宛的嚣张气焰，钦此。

刘彻

（编者注：由于路途遥远，兵马劳顿，这次征讨大宛最终无功而返。）

智者为王 ZHIZHE WEI WANG

第3关

智者无敌
王者为大

1. 汉武帝在位时一共任用了多少位丞相?
2. 汉朝第一个先当丞相、后封侯的人是谁?
3. 推恩令最早是谁提出来的?
4. 汉武帝颁布推恩令的目的是什么?
5. 武帝时期,朝堂中最耿直的大臣是哪位?
6. 武帝时期,既是酷吏又是能臣的是哪位?
7. 老将李广历经了几朝皇帝,分别是谁?
8. 汉朝有史以来进行的规模最大、追击匈奴最远的一场战役是什么?
9. 汉武帝时期的大将军指的是谁?
10. 霍去病多少岁就被封了侯?
11. 李广一生有没有被封过侯?
12. 中国历史上第一个出使西域的人是谁?
13. 张骞第一次出使西域,历经多少年才回到祖国?
14. 汉朝时期,中国主要向西方输出哪两种产品?
15. 汉朝时开通了一条从长安通往西方的道路,其被称为什么?
16. 今天我们吃的葡萄、胡桃、石榴这三种水果最早是从哪里引进来的?
17. 汉武帝为什么派张骞出使西域?

穿越报
CHUANYUE BAO

第10期
公元前122年—公元前121年

淮南王谋反案

【烽火快报】
- 淮南王造反败露，畏罪自杀

【叱咤风云】
- 淮南王早就想造反？
- 淮南王造反始末

【名人有约】
- 特约嘉宾：刘安

【广告铺】
- 出售《淮南子》
- 设立五属国诏书

穿越必读 CHUANYUE BIDU

多年前的一场皇室恩怨，最终导致淮南王蠢蠢欲动，多次欲举兵造反的局面。这是自武帝登基起，国中出现的第一件谋反大案。面对淮南王的狼子野心，武帝会作何应对呢？

烽火快报 FENGHUO KUAIBAO

淮南王造反败露，畏罪自杀
——来自淮南国的加密快报

来自淮南国的加密快报！

公元前122年，淮南国传来一个消息：淮南王的门客中郎伍被揭发淮南王造反，而且证据确凿，像什么玉玺啊，印信啊，符节啊，统统都有。

消息一出，震动了整个朝廷。淮南王是高祖皇帝的孙子，而刘彻是文帝的孙子，算起来淮南王还是皇帝的叔叔呢。叔叔造反，侄儿该怎么办？

该咋办就咋办！刘彻立刻派大臣宗正去淮南国调查，谁知宗正还没到，淮南王就畏罪自杀了！

淮南王死了，刘彻就会善罢甘休了吗？

当然不会，在一场大规模调查之后，淮南王的同党被一网打尽，其中包括他的王后、儿子等人。

可笑的是，告密者伍被也参与过谋反，本来刘彻念他揭发有功，打算放他一马。可有人不同意，说他也是同伙，罪大恶极，不能赦免！于是伍被也被杀掉了。

一场轰轰烈烈的谋反案终于平息了。

不过人们心中仍有很多疑问：淮南王为什么要造反？他准备多久了？还有，中郎伍被为什么要告发自己的主人？就让本报记者一一为您揭开这些谜团。

淮南王早就想造反？

据知情人透露，淮南王想造反不是一天两天的事情了，早在七国之乱那会儿，淮南王就打算趁乱发兵了。当时淮南国相是中央派去的，他见情况不妙，就对淮南王说："大王若是发兵，臣愿意为将。"

淮南王一听，就放心地把军队交给了国相。谁知国相拿到兵权后，立刻紧闭城门，把叛军挡在外面。淮南王这才发现上了当，气得大骂。

幸好后来中央平叛成功，淮南王才没有追究国相的责任。

刘彻继位后，淮南王对皇位仍旧不死心。公元前139年，淮南王去长安朝见皇帝侄儿，走到霸上，遇见了前来迎接的太尉田蚡。

田蚡为了讨好淮南王，说："陛下没有儿子，而大王是高

叱咤风云 CHIZHA FENGYUN

祖皇帝的亲孙子，陛下要是有个三长两短，皇位非大王莫属啊！"

听了这话，淮南王更加飘飘然起来。

公元前135年的一个夜晚，一颗明亮的彗星拖着长长的尾巴，划过漆黑夜空。有人见了，立刻去向淮南王邀宠："大王，昨夜彗星划过夜空，这预示着国家不久后将有一场动乱。"又说，"当年吴王刘濞起兵时，就曾出现过彗星，不过那颗星星远不如昨晚的明亮，尾巴也没那么长，说明这次的动荡要比那次大得多。"

淮南王听了心花怒放，仿佛看到金光闪闪的皇位正朝自己招手，于是加紧操练军队，筹备武器粮草，又派女儿去长安做卧底，只等时机一到，里应外合，一举夺下皇位。

看来时机已经成熟了！

淮南王造反始末

淮南王做着当皇帝的美梦，在家里静静等待时机，谁知儿子刘迁却给他惹了大祸。

刘迁是淮南王的儿子，平时喜欢舞刀弄枪，自认为武功天下第一。他听说父亲有个侍从叫雷被（pī），是淮南第一剑客，心里很不服气，就把他找来比剑，谁知这下丢了脸，没过几招，被雷被一剑划中胳膊，顿时鲜血直流。

刘迁也真够无赖的，打不赢人家就翻脸。雷被一看淮南国待不下去了，就想去京城参军。这时汉朝正与匈奴打仗，国家紧急征兵，凡是自愿参军的人，都可以去京城报名，地方政府不得阻拦，否则就是抗旨，要杀头！

可淮南王却把雷被拦下来，坚决不准他从军。雷被被逼上绝路，只好拼死逃走，去京城告御状。刘彻知道后，立刻派人来查。

淮南王这下急得团团转，心想一不做，

叱咤风云 CHIZHA FENGYUN

二不休，干脆反了算了，可又怕仓促起兵，反而坏了大事，想来想去，最后决定先看看使者的态度，如果态度不好，立刻杀了使者造反。还好使者到了淮南国后，只是笑眯眯地向淮南王了解情况，绝口不提杀头的事。淮南王这才松了口气。

不久，皇帝的判决到了，只削去淮南国两个县，淮南王一颗悬着的心总算放了下来。

可没过多久，淮南王的孙子刘建又给他惹祸了，事情的起因是这样的：

刘建的父亲叫刘不害，是淮南王的一个小妾生的。刘不害性格懦弱，经常被王后和淮南王太子欺负。淮南王见了，也不以为然。刘建经常为父亲抱不平，想暗地里扳倒淮南王太子叔叔，谁知事情败露，反倒被太子教训了一顿。

刘建心里十分生气，于是也学雷被，去京城告御状，说自己怎么被迫害，父亲在家里怎么被欺负，还把爷爷淮南王想要刺杀汉使的事情捅了出来。

这下淮南王麻烦大了，到了这步田地，就算不反也不行了，于是他只好紧锣密鼓地筹备起来。

叱咤风云

这时汉朝派来的廷尉专使到了，要逮捕淮南王太子刘迁。淮南王就和儿子商量，先把中央任命的高官，如国相、内史、中尉等统统除掉，把兵权弄到手，再趁势起兵！

于是淮南王召集百官进宫，谁知除了国相，其他人都没来，内史出差了，中尉说要协助廷尉专使办案，没空来。淮南王一下傻眼了，如果只杀国相，不但没什么用，反而会打草惊蛇，只好作罢。

一直帮淮南王出谋划策的中郎伍被看到这种情况，知道没戏了，便跑到廷尉专使那里自首，将主子图谋造反的事一五一十地抖了出来。廷尉专使大惊，立刻包围了淮南王府，搜集各种谋反的证据，派人送往中央。

到了这个地步，淮南王知道彻底完蛋了，没等中央的调查官到达，就自杀了。

鸿雁传书 HONGYAN CHUAN SHU

我要不要自首

穿穿老师：

您好，我是衡山王刘赐的儿子刘孝。我想告诉您一个秘密：其实我父亲也参与了淮南王谋反案。我本来不该将这个秘密告诉别人的，可是没办法，如今我被逼到穷途末路，不说也不行了。

这一切，还要从衡山王太子说起。刘爽是我同父同母的哥哥，我们都是前王后乘舒生的，母亲死后，父亲另立徐来为王后，并把我交给她抚养。

哥哥长大后，受坏人挑拨，认为徐来杀了我们的母亲，要找她报仇。王后呢，也不是好惹的，总是劝父王废掉哥哥，立我为太子。

父王被王后说动了，果然把哥哥关了起来，向陛下上书，请求废掉太子，立我为太子。哥哥为了保住太子之位，竟然派人去京城告我的状，说我制造战车和武器，有造反的迹象。朝廷派人来我府上搜查，结果把藏在我府中的淮南王的同党陈喜给搜出来了，这下坏了，窝藏乱党，必定图谋不轨，这下我父亲造反的事情无论如何也瞒不住了。

我现在害怕极了，听说最先自首的人可以免罪，穿穿老师，您说我要不要自首呢？

刘 孝

刘孝：

您好，难得您有自首的觉悟，我们建议您去自首，虽然不敢保证陛下会饶恕您，但不论怎样，还是会多一丝活命的机会。相反，如果您不自首，那就真的死定了。

《穿越报》编辑 穿穿

【后来刘孝自首，揭发衡山王造反的事情。衡山王绝望之下拔剑自杀，太子刘爽、王后徐来均被处死，刘孝虽然免了谋反罪，却因别的罪名被杀。】

百姓茶馆

BAIXING CHAGUAN

江都王也造反了

茶馆小二

　　这些诸侯王是怎么了，一个接一个地造反？先是淮南王造反，接着衡山王造反，如今江都王刘建也被查出来预备谋反。听说事情曝光后，江都王吓得要命，也走了淮南王和衡山王的老路，抹脖子自杀了。

县吏小云

　　嗨，什么这儿造反，那儿造反的，一切还不是淮南王造反案引出来的？衡山王与江都王充其量只是淮南王的帮凶。淮南王一垮台，剩下的两个王纸包不住火，所以一个接一个地被揪出来了。

差役刘三

　　这个江都王不是什么好东西，死了大快人心。听说有一次，他乘船出游的时候，故意把一只船蹬翻，害两个宫女掉下去，活活淹死了。他是出了名的荒淫无道，还好这次谋反案把他揪出来了，否则不知还有多少人被他活活折磨死呢。

铁匠陈成

　　在这场三王谋反案中，陛下雷厉风行，杀伐果断，相信对其他诸侯王也起到了很大的震慑作用，估计他们都吓得够呛，就算还有人有谋反的贼心，只怕也没有贼胆啦！

嘻哈园 XIHA YUAN

名人有约
MINGREN YOU YUE

越越 大嘴记者

刘安 特约嘉宾

嘉宾简介：汉武帝的叔叔，爵位淮南王。他的父亲淮南厉王刘长曾经因为造反，被文帝流放，途中绝食而死。到淮南王这一代，仍旧不思悔改，一心只想造反。很多人想不通，为何这一支皇室血脉如此热衷于造反，难道其中有什么不可告人的秘密？

越　越：淮南王殿下，您好，有件事情我一直想不通，您为什么执意要造反？是不是皇帝哪里亏待您了？

刘　安：皇帝倒没亏待我，不过就算他对我再好，我也一样要反。

越　越：为什么？难道皇位对您的吸引力就那么大？

刘　安：我先给你讲个事儿吧。当年，高祖皇帝路过赵国，赵王献给高祖一个名叫赵姬的美人。后来赵姬怀孕了，可还没来得及告诉皇帝，这时发生了一件大事。

越　越：什么大事？

刘　安：赵王的属下想要暗杀高祖皇帝，不过被人发现了。

越　越：哎呀，这可不得了，后来呢？

刘　安：高祖皇帝大怒，把所有有关人员统统押到京城受审，其中也包括赵姬。赵姬为了脱困叫人将自己有孕的事情禀告皇帝，谁知高祖皇帝正在气头上，对赵姬理都不理。

越　越：高祖皇帝可真绝情啊，后来呢？

刘　安：后来赵姬又托人去求辟阳侯，让他在吕后跟前说说好话，把自己放出来，毕竟不能让皇子在囚室里出生呀，可吕后

名人有约 MINGREN YOU YUE

越 越：也没有帮忙。

越 越：吕后不帮也在情理之中，谁愿意帮自己的情敌，那后来呢？

刘 安：赵姬生下皇子就自杀了。看守将孩子抱到高祖皇帝跟前，高祖皇帝这才后悔莫及，将赵姬厚葬了。

越 越：那这个孩子是……

刘 安：他就是我的父亲，淮南厉王刘长。

越 越：这么说来，您父亲一直对高祖皇帝心怀不满？

刘 安：这倒不敢，不过我父亲对辟阳侯很不满。辟阳侯是吕后的亲信，如果当初他肯全力相助，就一定能说动吕后，这样的话，赵姬的下场也就不会那么悲惨了。

越 越：于是您父亲就杀了辟阳侯？

刘 安：是的。那时文帝已经即位了，我父亲假装去拜访辟阳侯，趁他出来迎接的时候，掏出一个大铁锤，把他锤死了。

越 越：这……未免残忍了点儿。那文帝有没有治你父亲的罪？

刘 安：没有。

越 越：看来他们俩手足情深啊，不过我听说您父亲后来图谋造反，有这回事吗？

刘 安：没错，只可惜还没来得及举事，就被人发现了。

越 越：造反可是杀头的罪，这次文帝是怎么处理的？

刘 安：他将我父亲关进囚车，打算押送到蜀郡软禁起来，还下令沿路不许揭囚车上的封条，也不许我父亲下车。我父亲受不了这种羞辱，绝食自杀了。

越 越：唉，真是可悲可叹。可我还是想不明白，当初对不起赵姬的是高祖皇帝，和文帝没关系，和当今陛下更没关系，可你们父子二人为什么那么执着于造反呢？

刘 安：哼，从出生的那一天起，我们这一支血脉就注定是刘氏皇族中的异类，注定要与皇位上坐着的那个人作对！

越 越：唉，也只能这样说了。今天的采访就到这里吧。

广告铺

出售《淮南子》

《淮南子》是一部由淮南王刘安及其门客编写，以道家思想为主，并夹杂其他各家思想的哲学著作，也是一部不可多得的学术作品。本店现有一千余册《淮南子》出售，欢迎各位读者前来购买。

百文书肆

设立五属国诏书

元狩二年（公元前121年），匈奴浑邪王率十万部众向我大汉投降，朕深感欣慰，决定封浑邪王为漯（luó）阴侯，食邑万户，并于陇西、北地、朔方、云中、代五郡设立五属国，用来安置其部众，钦此。

刘彻

第11期
公元前92年—公元前90年

冤死的太子

汉武帝卷

穿越报
CHUANYUE BAO

【烽火快报】
- 又一场巫蛊案爆发了

【绝密档案】
- 江充的发家史

【叱咤风云】
- 太子被迫"造反"了
- 迟来的和解

【名人有约】
- 特约嘉宾：刘据

【广告铺】
- 全城戒严通知
- 修建思子宫诏书

穿越必读 CHUANYUE BIDU

人到了老年，精神衰退，疾病缠身是很正常的事，可一心迷恋神仙之术、妄图长生不老的汉武帝却不这么想，他认为这是因为有人在诅咒他，于是就派人去查，结果引发了"巫蛊之祸"这一重大事件，最终导致太子刘据含冤而死。

FENGHUO KUAIBAO 烽火快报

又一场巫蛊案爆发了
——来自皇宫的加密快报

虽然陈皇后巫蛊案已过去多年，但人们还是心有余悸。不想到了公元前92年，一场更大的巫蛊案爆发了！

事情是由一个叫朱安世的人引起的。朱安世是当时有名的通缉犯，官府一直想捉拿他，却一直抓不到。

恰好这时，公孙贺的儿子公孙敬声犯了事，被抓进监狱。公孙贺救子心切，便跑到皇帝跟前，请命抓捕犯人朱安世，用来赎儿子的罪，刘彻答应了。

不久后，公孙贺果然抓住了朱安世。

没想到，朱安世却反咬了公孙贺一口，说他儿子公孙敬声在去甘泉宫的路上埋了小木人儿，用来诅咒刘彻！

刘彻立刻下旨严办此案。不久，公孙贺父子双双死在狱中，被牵连的还有阳石公主等人。

可事情并没有结束。刘彻由于年事已高，身体渐渐衰弱，近来又大病了一场。大臣江充趁机进言，说陛下之所以生病，是因为还有其他人埋了小木人儿。

刘彻又气又怕，立刻命江充去查，这一查，竟查出好几万人。心狠手辣的江充将他们全杀掉了。

一时间，天下人心惶惶。

来自皇宫的加密快报！

绝密档案 JUEMI DANGAN

江充的发家史

巫蛊案爆发后,江充一下子成了炙手可热的人物,很多人想不通,这个江充究竟是个什么样的人,陛下为什么那么信任他?

通过重重调查,江充的身世和来历终于浮出水面。

江充原本叫江齐,是赵国人,他有个容貌出众的妹妹,后来嫁给了赵国的太子刘丹。打这以后,江齐就成了赵王的贵宾,经常出入王宫。

但好景不长,赵太子不是什么好人,不仅贪财好色,还结交各地豪强,尽干些为非作歹的事。江齐是太子的大舅哥,对太子干得那些坏事了如指掌,时间长了,太子觉得很不放心,就想除掉江齐。

江齐得到消息,赶紧溜了,可他的家人就没那么好运了,全被太子刘丹杀掉了。

江齐一路逃到长安,为躲避太子的迫害,改名江充,向皇帝举报了赵太子的种种恶行。刘彻听了大怒,立刻下令包围赵国王宫,将赵国太子刘丹逮捕归案。

就这样,靠揭发赵太子,江充初步得到了皇帝的信任。

江充是个非常有心机的人,第一次被皇帝召见时,他故意装穷，请求穿家常的衣服面圣。可当他现身时，却令刘彻眼前一亮。

只见他穿一身轻薄的禅衣，戴一顶精巧的丝帽，帽子用五彩缤纷的鸟羽点缀，一走路，羽毛便轻轻摇动，禅衣也跟着飞舞起来，看上去飘逸得不得了。再加上江充身材高大，相貌英俊，一下就给皇帝留下了好印象。

后来，刘彻派江充出使匈奴，江充圆满地完成了任务，被拜为绣衣使者，专门监督王公贵族和地方豪强的一举一动。当时很多达官贵人都有逾规的言行，江充就把他们一个个全都抓起来，关进北军军营，准备送到前线去打仗。

这些贵族平时骄奢惯了，一听要上前线，吓得面如土色，差点尿裤子。贵族的家人也急了，跑到皇帝跟前磕头，说愿意用钱把犯人赎回去。谁知这样一来，正好遂了刘彻的心意。原来，北军缺的不是人，而是军饷，如今有人愿意拿钱来赎人，谁还要那些只会吃饭，不会打仗的草包呀！

就这样，北军一下子筹到了几千万钱，可把刘彻乐坏了。刘彻认为，江充这个人既忠诚，又能干，从此对他更加信任了。

# 百姓茶馆 BAIXING CHAGUAN

 ## 江充和太子的恩怨

这个江充可真厉害，仗着皇帝撑腰，连长公主都不放在眼里。听说有一次，江充在驰道（皇帝的专用道路）上将长公主的车马拦下来，说她逾规了。长公主辩解说，是太后当初亲自下诏，准许她走这条路的。可江充还是不依不饶，说即使长公主能走，随从和车马也不能走，说着把长公主的随从给抓了，车马也没收了。江充真是胆大包天啊，幸亏长公主后来没找他麻烦。

粮官小唐

岂止长公主，连太子都吃过他的亏呢。有一次，江充在驰道上撞见太子的家臣，当场就把人给逮了，车马也没收了。后来太子派人向他求情，请他不要告诉陛下，他竟充耳不闻，仍旧把这事儿报告给陛下了。后来陛下还夸了他，说做臣子就该这样。

王公子

哼，江充现在是风光了，可他也不想想，将来哪天陛下驾崩了，太子继位，有他好果子吃！

庞裁缝

衙役老宋

话虽这么说，不过我觉得像江充这种人，是不会坐以待毙的，他多半会在太子登基前搞垮他，咱们的太子只怕有危险喽。

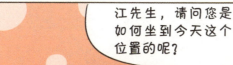

鸿雁传书 HONGYAN CHUAN SHU

太子的求救信

穿穿老师：

您好，我是太子刘据。这段时间，江充派人扛着铁锹到处挖小木人儿，搞得整个京城鸡犬不宁。他但凡逮住一个人，就把所有和那人有关系的人全部抓起来，严刑逼供，屈打成招，真是丧心病狂！

而且这个江充胆大包天，竟然挖到了我太子宫，还找到了一个木人以及篡位的帛书。天啊，这绝对是陷害！

我想去找父皇澄清，可他正在甘泉宫养病，我只好去找少傅石德，问他该怎么办。石德说，如今谁也无法判定那些小木人儿是本来就在那里，还是江充让人放进去的。我们没办法证明自己的清白，只有先下手为强，假传圣旨把江充抓起来，将事情查清楚，再去甘泉宫向陛下请罪。

穿穿老师，我现在脑子里一团乱，不知道该怎么办才好，您能替我出出主意吗？

太子　刘据

太子殿下：

您好。我们相信您是被冤枉的。事到如今，其实最好的办法就是您赶在江充之前，去甘泉宫向陛下请罪。俗话说血浓于水，陛下念及父子亲情，一定不会轻易被小人蒙蔽。好了，我要说的就这么多，太子殿下多多保重。

《穿越报》编辑　穿穿

太子被迫"造反"了

公元前91年,江充假借巫蛊案,欲诬陷太子造反,太子本想去甘泉宫向父亲请罪,却被江充缠住脱不开身,万般无奈之下,只好采用少傅石德的建议,假传圣旨,把江充抓起来问罪。

"你这赵国的奴才。"太子指着江充的鼻子大骂,"害了赵王父子还不够,又来离间我们父子!"说完,命人一刀把江充杀了。

江充的同党一看情况不妙,赶紧去甘泉宫报信。

太子知道自己假传圣旨,犯了大罪,便去未央宫向母亲卫子夫请罪。听了事情的经过,卫子夫泪眼婆娑,思来想去,最后决定站在儿子这边,于是调动宫中的兵马,保卫太子。

这时,江充的同党已经逃出长安,将太子造反的事禀报给刘彻。

刘彻不信,说:"太子一定是害怕了,而且又痛恨江充等人,才做出这种傻事。"于是派使者去召太子前来问话。

谁知使者是个胆小鬼,走到长安城外,见里面乱哄哄的,吓得不敢进城,一溜烟跑了回来,说:"太子真的造反了,还想杀我呢,幸好我跑得快!"

刘彻这下相信太子是真造反了,不禁勃然大怒。

这时,太子的兵马已经攻进了丞相府,丞相刘屈牦(máo)吓得拔腿就跑,连官印和绶带都丢了。刘屈牦一路跑到甘泉宫,向刘彻报告了情况。刘彻震怒不已,立即发了一道诏书,命刘屈

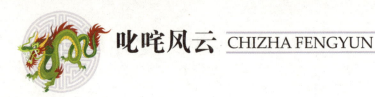

叱咤风云 CHIZHA FENGYUN

耗全力捕杀乱党!

而太子那边为了解释用兵的原因,对文武百官说:"陛下因为病重,被困在甘泉宫,可能发生了变故,一些奸臣想趁机造反!"

刘彻见情况不妙,立刻从甘泉宫返回长安,调集军队,交给丞相统领。

太子也假传圣旨,把囚犯从狱中放出来,组成一支临时军队,又派人拿着符节,征了两支胡人骑兵来长安会合,不料被刘彻的使者发现了。

使者追上去,告诉胡人:"太子的符节是假的,不要听他的调遣!"

于是胡人杀了太子的使者,转过头来攻打太子。

太子急得团团转,去找北军帮忙,北军统领任安嘴上答应了,却迟迟不肯出兵,太子只好又去征集民兵。这时,丞相的兵马到了,两军交战,血流成河。打了几天,大家一听是太子造反,都不肯归附他了。

太子成了光杆司令,只好仓皇逃跑,一路逃到湖县,躲在一户贫民家里,可没过多久,就被人发现了行踪。地方官带兵来搜,太子眼看没了活路,便悬梁自尽了,两个儿子也在混乱中被杀。

同时,刘彻派人去未央宫收缴了皇后的印玺和绶带。绝望之下,卫子夫也上吊自杀了。

迟来的和解

公元前90年九月,一个叫田千秋的守陵官上了封奏折,为死去的太子鸣冤。

田千秋在奏折中说:"我昨晚做了个梦,梦见一个白发老翁跟我说,儿子擅动父亲的军队,按罪该打一顿。天子的儿子杀错了人,又有什么罪呢?"

看了这封奏折,刘彻的心情久久不能平复,于是传召田千秋,说:"父子之间的事,外人是不愿插嘴的,唯独你今天说了真话。你梦里的白发老翁,一定是高祖皇帝显灵。这样吧,从今天起,你就在我身边辅佐我吧。"于是给田千秋升了官。

接着,刘彻灭了江充全族,烧死了那个谎报太子造反的使者,又将当初那些逼死太子的人统统杀掉了。

就这样,时隔一年后,刘彻终于给儿子平了反,虽然迟了些,但不论怎样,父子二人总算是和解了。

其实,早在太子出逃时,就有一个叫令狐茂的人向皇帝上书,请求撤销对太子的追杀令,说儿子为求自保,盗用父亲的军队,并不算什么大错。

当时刘彻就有些感慨,但也许是碍于面子,也许是余怒未消,并没有立即赦免太子。就在刘彻还在犹豫不决的时候,从湖县传来了太子的死讯。刘彻追悔莫及,可一切都已经太晚了。

名人有约 MINGREN YOU YUE

越越 大嘴记者

刘据 特约嘉宾

嘉宾简介：刘据是汉武帝与卫皇后的儿子，也是武帝立的第一个太子。他性格温和、沉稳好静，与父亲的雄心勃勃、好大喜功截然相反，因此武帝对他不是很满意。武帝晚年，刘据被牵扯进一场巫蛊之乱，最终含冤自尽，被后人追为"戾太子"。

越　越：太子殿下，您好，请问您是陛下的第几个儿子呀？

刘　据：我是父皇的长子，生我的时候，父皇已经二十九岁了。

越　越：陛下十六岁即位，二十九岁才得到一个儿子，一定乐坏了吧。

刘　据：是啊，父皇和母后对我是爱若珍宝。刚满七岁，父皇就将我立为太子，为我精心挑选老师，教我怎么做皇帝，还破例准许我豢（huàn）养宾客。在这之前，父皇是很讨厌别人豢养宾客的。

越　越：你们父子感情这么好，真让人羡慕。

刘　据：唉，如果是平常百姓，那确实是件令人羡慕的事，只可惜我生在帝王家……

越　越：帝王家有什么不同吗？

刘　据：常言道，母以子贵，子以母贵。父皇专宠母后时，自然将我视若珍宝。可父皇后宫佳丽三千，又怎会长久地专宠一个人？我母亲失宠后，父皇先是爱上了王夫人，接着又是李夫人，早将我们母子俩抛到脑后了。

越　越：这样啊，说起来还真是挺悲哀的。

名人有约

刘　据：而且自我长大后，父皇就越觉得我不像他。

越　越：这话是什么意思？

刘　据：父皇气魄雄伟，野心勃勃，而我却性格温和，沉稳好静。他喜欢到处征战，而我常常劝他休养生息；他坚持严刑峻法，我就劝他宽大为怀。父皇觉得我在与他作对，心里很不高兴。

越　越：因为性格不同而造成政见不一，这确实是个令人头疼的问题啊！

刘　据：我知道父皇对我不满，心里很不安。后来父皇也觉察到了，就让舅舅卫青传话给我和母后，说大汉才创立不久，四方敌人虎视眈眈，如果他不派兵征伐，后世将不得安宁。所以他才不得不劳民伤财，年年东征西讨，但后世子孙不能学他，否则灭亡的秦朝就是我们的榜样。他还说我性格沉稳好静，一定能安定天下，是他理想的接班人，让我和母后不要胡思乱想。

越　越：听了这话，您安心了吧？

刘　据：还是不大安心，父皇这人虽然有雄才大略，但其实很情绪化。他喜欢一个人，可以将他捧到天上去，可要是不喜欢一个人，也可以瞬间让他掉下来。

越　越：真可怕，这么说来，您的太子之位其实还是不稳。

刘　据：是的。

越　越：那您认为谁是您最大的竞争对手？

刘　据：钩弋夫人的儿子刘弗陵。

越　越：为什么？

刘　据：因为钩弋夫人是父皇目前最宠爱的妃子，而且，父皇常常说刘弗陵很像他。

越　越：这样啊，不过我觉得刘弗陵年纪太小了，今年才三四岁吧，应该不会对您构成威胁，殿下还是不要想太多了。

刘　据：希望如此吧。

广告铺

全城戒严通知

前几日,朕在建章宫看到一个男子佩戴宝剑,大摇大摆地进入中华龙门,朕怀疑此人是刺客,命人去捉,却被他跑掉了。这件事让朕非常生气,门候是怎么守护宫门的!怎能让刺客如此嚣张地进出宫门!因此,朕决定处死建章宫门候,严格搜查上林苑,并戒严全城,希望长安百姓极力配合。

刘彻

(编者注:刘彻晚年时疑神疑鬼,总觉得有人想暗害他,于是这"刺客事件"正好揭开了巫蛊之祸的序幕。门候,即看守宫门的军官)

修建思子宫诏书

太子刘据遭奸人陷害,含冤而死,朕心中十分悲痛,决定修建一座思子宫,用来寄托对爱子的思念之情,钦此。

刘彻

穿越报
CHUANYUE BAO

第12期 公元前89年—公元前87年

立子杀母
汉武帝

【烽火快报】
- 轮台罪己诏，皇帝的公开认错书

【绝密档案】
- 皇帝为什么下罪己诏？

【叱咤风云】
- 立谁为新太子？
- 可怕的"立子杀母"

【名人有约】
- 特约嘉宾：刘彻

【广告铺】
- 遣散方士诏书
- 严禁百姓私自铸铁、煮盐
- 出售大宛宝马

【智者为王】
- 第4关

穿越必读 CHUANYUE BIDU

太子刘据死于巫蛊之祸，年迈的汉武帝不得不另立太子。最终，他选择了小儿子刘弗陵。然而幼帝登基，太后乱政的事情在历朝屡见不鲜，为了防止这种情况发生，汉武帝想出了一个"立子杀母"的狠招……

烽火快报 FENG HUO KUAI BAO

轮台罪己诏,皇帝的公开认错书
——来自长安的加密快报

公元前89年,财政大臣桑弘羊向刘彻建议,派一些士兵去西域轮台(今新疆维吾尔自治区轮台县)戍边,以防匈奴来犯。令人惊讶的是,一向热爱战争的皇帝竟然拒绝了,还下一道自我批评的诏书(史称"轮台罪己诏")。

诏书的主要内容有:

一、不许去轮台戍边。

二、朕自即位以来,制定了许多错误的政策,给百姓带去苦难,朕很后悔。

三、从今以后,再不添加百姓的负担。

四、大力发展生产,让百姓过上好日子。

诏书一下,全国轰动一时,百姓们都不敢相信自己的耳朵。什么?皇帝公开向全国百姓认错了?哇,这是真的吗?这在中国历史上可是头一回!

当确认诏书不假后,百姓们都欢呼起来,太好啦,从今以后,咱们大汉再也没有战争了,再也不会有年轻人被拉去做壮丁,也不会有各种苛捐杂税了!从今天起,大家就一心一意地养猪种地,发展农业,百姓总算能过上和平安宁的好日子啦!

来自长安的加密快报!

皇帝为什么下罪己诏？

有人想不明白，皇帝一向穷兵黩武、好大喜功，怎么一下转变了性格，变成一个体贴百姓、引咎自责的仁君？原来，自从痛失爱子之后，刘彻便开始反省自己这一生。

自从刘彻登基，便连年对外征战，虽然打了不少胜仗，弘扬了我大汉国威，可国库里的银子却在一天天减少，通过文景二帝两朝的励精图治，好不容易积攒来的一点家产，都被刘彻挥霍空了。

除此以外，刘彻还喜欢大兴土木，四处巡游，他任用酷吏，暴虐百姓。很多百姓忍无可忍，接二连三发动暴乱，国家变得动荡不安。

后来，刘彻又迷上了神仙之术，为了追求长生不老，到处派人寻道问仙，听信方士和小人的一派胡言，最终酿成巫蛊之祸，逼死了心爱的儿子和妻子。

公元前90年，刘彻最后一次对外用兵，派大将李广利去五原（今内蒙古自治区巴彦淖尔市五原县）征伐匈奴，谁知李广利打了败仗，没胆子回来，无奈之下，向匈奴人投降了。

经这一系列的打击，使刘彻变得心灰意冷，开始怀疑起自己的政策主张。在不断地怀疑和反省中，刘彻终于认识到自己的错误，因此便有了前面的轮台罪己诏。

嘻哈园 XIHA YUAN

CHIZHA FENGYUN 叱咤风云

立谁为新太子？

随着太子死亡，刘彻一天天衰老，一个刻不容缓的问题出现了：立谁为新太子好？

刘彻一共有六个儿子，其中太子刘据自杀，齐王刘闳（hóng）早夭，剩下的四个儿子分别是：燕王刘旦，广陵王刘胥，昌邑王刘髆（bó），以及小儿子刘弗陵。

有人说，燕王刘旦最有希望，他是皇子中年龄最大的一个，而且博览群书，交友广泛，和父亲一样有雄才大略。自从太子死后，燕王就蠢蠢欲动，认为太子之位非他莫属。

为了更接近皇位，公元前88年，燕王给皇帝写了一封信，请求进宫做父亲的贴身侍卫。汉武帝一看信就怒了，你爹还没死呢，你就敢如此明目张胆地觊觎皇位！并立刻将使者拖出去砍了，继而削了燕王三个县。

燕王的皇帝梦就此断送。

昌邑王刘髆也是一个很有力的竞争者。他的母亲李夫人曾是刘彻最宠爱的女人，舅舅李广利又是汉朝大将。公元前90年，李广利去五原征讨匈奴前，曾去找丞相刘屈氂，拜托他在皇帝跟前煽煽风，点点火，立昌邑王为太子。刘屈氂和李广利是儿女亲家，这自然是义不容辞的。

谁知这事儿扭头就被人告发了，刘彻十分生气，先是把丞相夫妇杀了，接着将李广利的老婆下了大狱。

叱咤风云 CHIZHA FENGYUN

　　李广利正在前线打仗，得到消息后，心急如焚，一心想立功保命，于是贸然追赶敌兵，没想到兵败被俘，只好投降了。

　　这样一来，昌邑王也被淘汰了。

　　广陵王是个纨绔子弟，每天只知道吃喝玩乐，刘彻压根儿就没考虑过他。

　　最后只剩下小儿子刘弗陵了。

　　刘弗陵的母亲是钩弋夫人，是刘彻目前最宠爱的女人。据说当年，钩弋夫人足足怀了十四个月，才生下刘弗陵。巧的是，"三皇五帝"中的尧也是其母怀了十四个月才出生的。因此刘彻非常高兴，认为这个儿子是尧的化身，将他出生的宫门命名为"尧母门"。

　　刘弗陵这时虽然才五六岁，却身强体健、聪明伶俐，和少年时代的刘彻非常相像。

　　好，就立这个儿子吧！

　　就这样，刘彻表面不动声色，但心里已经暗暗决定了太子的人选。

画中的玄机

穿穿老师：

　　您好，我叫阿三，是光禄大夫霍光的马夫。前天陛下赐了我家主人一幅画，画的是周公背着成王朝见诸侯的场景。主人把画捧回来后非常恭敬，还挂在厅堂里供了起来。当时我没觉得有什么，皇帝赐的画嘛，自然要宝贝一点。可昨天晚上，厨房里的黄伯告诉我，这幅画绝不像表面看上去那么简单，画中定另藏有玄机。

　　我问他是什么玄机，他又死活不肯说，害我想了半宿，连觉都没睡好，可还是想不出个所以然来，所以只好给您写信，向您讨教讨教。

阿三

阿三：

　　你好，久仰你家主人霍光的大名，听说他是骠骑将军霍去病同父异母的弟弟，少年时就被霍去病带进宫里，一直跟随在皇帝身边。

　　你家主人性格忠厚，谨小慎微，又侍奉了皇帝二十多年，皇帝对他非常信任，之所以赐他那幅画，的确是别有用意。你想想，周公是谁？那是周朝鼎鼎有名的贤臣。当年周武王死后，传位给成王，可成王年纪太小，不能亲政，于是便由周公摄政，等成王长大后，周公又无私地将王权还给了成王。

　　所以，皇帝赐霍光那幅画，其实是在暗示他，将来要立幼子刘弗陵为太子，到时候，就拜托霍光做周公，尽心辅佐小皇帝。

《穿越报》编辑　穿穿

叱咤风云 CHIZHA FENGYUN

可怕的"立子杀母"

公元前88年,一个消息从皇宫传来,刘彻将钩弋夫人关进大牢,逼她自杀了。奇怪,钩弋夫人不是刘彻最宠爱的女人吗?更何况,刘彻都已经决定立刘弗陵为太子,为什么还要杀掉太子的母亲——未来的皇太后呢?难道,钩弋夫人犯了什么不可饶恕的错?

据宫人回忆说,那天陛下找来钩弋夫人,说了几句话,不知怎么就突然翻脸了。钩弋夫人吓坏了,急忙摘掉头上的首饰,趴在地上求饶。

陛下却不为所动,叫人把她拖下去,关进了大牢。

钩弋夫人吓得浑身发抖,当侍从将她架出去时,她一句话也说不出来,只用一双泪眼汪汪的大眼睛望着陛下,模样可怜极了。

刘彻闭上眼睛,不去看她,挥挥手说:"快走,快走,你不能活着了!"

没过多久,钩弋夫人就在牢里自杀了,死时才二十多岁。

听了宫人的描述,人们更想不通了,这么看来,钩弋夫人似乎并没有犯什么大错,刘彻为什么执意要她死呢?

刘彻也听到了人们的议论,就问身边的人:"你们对钩弋夫人的死有什么看法?"

有人大胆问:"陛下,既然您都决定立她的儿子为太子了,为什么还要她死?"

叱咤风云

CHIZHA FENGYUN

刘彻叹了一口气，说："我所做的，哪是你们这些俗人能明白的。自古以来，国家发生内乱，往往是因为皇帝太小，不能独立理政，而太后正值青春年华，不甘寂寞，一旦大权在握，便会为所欲为，引发动乱。难道你们没有听过吕后的事吗？"

当年高祖皇帝死后，吕后独揽大权，在朝中翻手为云，覆手为雨，完全把皇帝晾在了一边。这下大家都明白了，刘彻杀钩弋夫人，不是因为她犯了错，而是为了国家大局着想，虽然听上去十分残酷，但也是不得已而为之啊！

公元前87年二月，刘彻生了一场重病，眼看就要不行了，大臣霍光和金日䃅（mì dī）前去探望。

霍光跪在龙床边，流着眼泪问："假如陛下有不测，将来谁继承大统？"

刘彻叹息说："霍光啊，难道你还不明白我送你那幅画的意思吗？我已经决定立刘弗陵为太子，你来当周公，辅佐幼主。"

霍光赶紧叩头："臣愚昧，难以当此重任，还是金日䃅更合适。"

金日䃅慌忙说："不行，我是个外族人，还是霍光更合适。"

就这样，刘彻最终立小儿子刘弗陵为太子，并任命霍光、金日䃅、上官桀（jié）、桑弘羊和田千秋五人做辅政大臣。

立完太子后的第三天，刘彻驾崩，享年七十岁。

百姓茶馆 BAIXING CHAGUAN

令人唏嘘的爱情传奇

钩弋夫人真可惜啊，年纪轻轻就成了政治的牺牲品。想当初，她和陛下相识，还造就了一个浪漫的爱情故事呢。

王大婶

王书生

是啊，据说当年陛下外出打猎，路过河间的时候，一个方士告诉他，此地有位奇女子。陛下便派人去找，一找就找到了一位美丽的姑娘。奇怪的是，这姑娘生下来后双手就握成拳头，长到十几岁，手都没有张开过。更奇怪的是，陛下只轻轻一掰，就把姑娘的手掰开了，看到她手里还紧紧握着一只小玉钩。你们说，这是不是上天注定的姻缘呢？

什么上天注定？我看其中有些蹊跷（qī qiao）。这多半是当地官员搞鬼，故意演了这么一出戏，好哄陛下高兴。

采茶女小丹

镖师老张

也许吧，但也有可能是钩弋夫人真的得了病，所以双手不能伸展，直到遇见陛下，病才突然好了。

名人有约

MINGREN YOU YUE

刘彻 特约嘉宾

越越 大嘴记者

嘉宾简介：他雄才大略，广纳贤才，独尊儒术，削弱诸侯，大破匈奴，使汉朝的疆域达到空前辽阔。然而他又穷兵黩武，大兴土木，任用酷吏，暴虐百姓，且晚年被小人蒙蔽，酿出一场惨烈的巫蛊之祸。他就是汉武帝，一位功过相当，既真实又传奇的帝王。

越　越：陛下您好，请问您为什么会选择霍光、金日䃅、上官桀、桑弘羊和田千秋这五位大人做辅政大臣呢？

刘　彻：哦，你认识他们吗？

越　越：除了霍光和田千秋外，其他三位都不熟。尤其是金日䃅，听说他是个外族人？

刘　彻：嗯，他原本是匈奴休屠王的太子，后来投降大汉，改名金日䃅。

越　越：（大惊）匈奴人？陛下把太子交给匈奴人，这能放心吗？

刘　彻：疑人不用，用人不疑。

越　越：呃，还是不懂……

刘　彻：金日䃅十四岁就来到大汉，如今已有三十多年了，也算是半个汉人啦。这些年来，他对汉朝忠心耿耿，尽职尽责，我对他非常放心。

越　越：我还是不放心……

刘　彻：那我给你举个例子吧。我很喜欢金日䃅的两个儿子，经常逗他们玩。有一次，他大儿子调皮，从后面围住我的脖子，金日䃅看到了，眼睛一瞪，吓得那小子转身就跑了！

越　越：哈哈，金日䃅是怕儿子冒犯您吧。

刘　彻：是啊，其实我是不介意的，是金日䃅太小心了。后来，他的大儿子长大

了，成了一名仪表潇洒、风流倜傥的青年，不过后来，我就再也没见过他了。

越　越：啊，发生什么事了？

刘　彻：金日磾把他杀了。

越　越：啊，为何？

刘　彻：因为那小子行为不检点，常在宫里调戏宫女。金日磾怕他生事，就把他杀了。现在你总该相信他的忠心了吧。

越　越：（抹了一把冷汗）是的，完全相信了。那上官桀又是个什么样的人？

刘　彻：他也非常忠心。我记得他年轻的时候，是羽林禁卫官。有一年夏天，他护送我去甘泉宫，路上突然刮起一阵狂风，将我头顶上的黄绫伞刮得左摇右晃，眼看就要倒了，是上官桀冲上来，用手紧紧稳住了伞把。

越　越：忠心护主，可叹可赞。

刘　彻：还有一次，我大病初愈，去马厩看马，发现马儿们一个个无精打采的，好像没吃饱一样，而那段时间正好是上官桀照料马匹。

越　越：您当时一定很生气吧，大家都知道，陛下爱马是出了名的。

刘　彻：是啊，我本想把他关进监狱，他却扑通跪倒在我面前，说没照看好马，是因为担心我的病情，导致心神不宁。当时我听了真是感动啊！

越　越：这种鬼话陛下也信？那桑弘羊他为什么能做辅政大臣？

刘　彻：桑弘羊就更不用说了，我们在少年时代就认识了。我当太子的时候，他是我的陪读；我当上皇帝后，他是我的得力助手。况且他独掌财政几十年，从没出过纰漏，对他我是最放心不过了。

越　越：哦，我知道了，这五个辅政大臣其实有一个共同点，那就是对陛下忠心！

刘　彻：嗯，没错，就是这样。

广告铺

遣散方士诏书

　　这世间哪有什么神仙？哪有什么长生不老之说？一切都是无稽之谈！朕被方士蒙骗了这么多年，今天终于清醒了，因此决定遣散宫里所有方士，希望你们出宫之后，好好做人，千万不可再行坑蒙拐骗之事，否则一经发现，严惩不贷！

　　　　　　　　　　刘彻

严禁百姓私自铸铁、煮盐

　　严禁民间百姓私自铸铁、煮盐，有违者，不仅要没收工具，还要在他的左脚上挂六斤重的铁索，以示惩戒。

　　　　　　　　　　刘彻

出售大宛宝马

　　当今世道，出行乘车坐轿都不算有面子，要骑马，而且骑着宝马的人才算得上是贵人。所以，各位王孙公子们，快来我的马场挑选一匹好马回去吧。本马场新到一批来自大宛的宝马，个个膘肥体壮，万里挑一。骑着大宛宝马出行，不仅让您有面子，还能吸引更多美丽姑娘的目光哦！

　　　　　　　　　　西西马场

智者为王 ZHI ZHE WEI WANG

智者无敌 王者为大

1. 淮南王和汉武帝是什么关系？
2. 淮南王造反成功了吗？
3. 武帝晚年爆发了一场重大的巫蛊案，负责调查此案的官员是谁？
4. 巫蛊案中，江充为什么要陷害太子？
5. 皇后卫子夫的结局是什么？
6. 在巫蛊案中，太子刘据到底有没有造反？
7. 太子自杀后，是谁为他沉冤昭雪的？
8. 汉武帝的第一个儿子是谁？
9. 太子刘据与汉武帝的性格相似吗？
10. 汉武帝晚年下了一道自我批评的诏书叫什么？
11. 汉武帝最后将皇位传给了谁？
12. 汉武帝为什么要立子杀母？
13. 《淮南子》是谁主编的？
14. 普通百姓可以在驰道上走吗？
15. 武帝任命的首席辅政大臣是谁？
16. 汉武帝一共当了多少年皇帝？

智者为王答案

第1关答案

1. 刘彻和陈阿娇。
2. 刘荣。
3. 刘嫖是刘彻的姑姑。
4. 没有。
5. 因为她没有儿子,而且皇帝不喜欢她。
6. 七国之乱。
7. 聪慧灵巧。
8. 没有。
9. 十六岁。
10. 文景之治。
11. 董仲舒。
12. 黄老学说。
13. 窦婴。
14. 《诗》《书》《礼》《乐》《易》《春秋》。
15. 太学。
16. 东方朔。
17. 黄老学说。

第2关答案

1. 不同意,她支持的是黄老学说。
2. 道家经典。
3. 有。
4. 平阳公主家的歌女。
5. 公孙敖。
6. 因为她性格骄纵,爱耍脾气。
7. 长门宫。
8. 司马相如。
9. 因为匈奴不遵守约定,屡屡来犯。
10. 失败了。
11. 和亲政策。
12. 卫青。
13. 姐弟关系。
14. 卓文君。
15. 推举孝顺、廉洁的人做官。
16. 卫子夫。

长知识啦!

第❸关答案

1. 十三位。
2. 公孙弘。
3. 主父偃。
4. 削弱诸侯的力量。
5. 汲黯。
6. 张汤。
7. 历经三朝,分别是文帝、景帝和武帝。
8. 漠北之战。
9. 卫青。
10. 十七岁。
11. 没有。
12. 张骞。
13. 十三年。
14. 丝绸和茶叶。
15. 丝绸之路。
16. 西域。
17. 为了联合西域各国,共同对付匈奴。

第❹关答案

1. 淮南王是汉武帝的叔叔。
2. 没有。
3. 江充。
4. 因为江充与太子有过节,怕太子继位后针对他。
5. 在巫蛊案中自杀了。
6. 没有,他只是调兵自卫。
7. 田千秋。
8. 刘据。
9. 太子性格沉稳安静,而武帝野心勃勃,二人性格相反。
10. 轮台罪己诏。
11. 刘弗陵。
12. 为了防止年轻的太后乱政。
13. 淮南王刘安及其门客。
14. 不可以。
15. 霍光。
16. 五十四年。

给力的答案!

汉武帝生平大事年表

时间	年龄	大事记
公元前156年	一岁	刘彘在未央宫出生。
公元前153年	四岁	刘彘被封为胶东王。
公元前150年	七岁	刘彘被立为太子,改名刘彻。
公元前141年	十六岁	刘彻称帝。
公元前140年	十七岁	刘彻定年号"建元",广招天下贤才。同年董仲舒提出"罢黜百家,独尊儒术"的方针。
公元前138年	十九岁	闽越攻打东瓯,刘彻派兵援救东瓯。同年张骞第一次出使西域。
公元前133年	二十四岁	马邑之谋,打响反击匈奴第一战。
公元前130年	二十七岁	废皇后陈阿娇。
公元前129年	二十八岁	汉朝北击匈奴,卫青直捣龙城。
公元前128年	二十九岁	卫子夫生下皇长子刘据,被立为皇后。
公元前124年	三十三岁	卫青大败匈奴右贤王,被封为大将军。
公元前123年	三十四岁	霍去病首战得胜,被封为冠军侯。
公元前122年	三十五岁	淮南王造反,事泄自杀。同年,刘据被立为太子。
公元前119年	三十八岁	漠北之战,匈奴人被赶到大漠以北。同年张骞第二次出使西域。
公元前91年	六十六岁	巫蛊之祸,太子刘据含冤而死。
公元前89年	六十八岁	刘彻下轮台罪己诏
公元前87年	七十岁	刘彻立幼子刘弗陵为太子,三天后驾崩。

图书在版编目（CIP）数据

天之骄子汉武帝／彭凡著．—北京：化学工业出版社，
2015.7（2024.11重印）
（历史穿越报）
ISBN 978-7-122-24000-2

Ⅰ．①天… Ⅱ．①彭… Ⅲ．①汉武帝（前156－前87）－
生平事迹－少年读物 Ⅳ．①K827=2

中国版本图书馆CIP数据核字（2015）第104410号

责任编辑：丁尚林　刘亚琦　　　　　　　装帧设计：尹琳琳
责任校对：战河红

出版发行：化学工业出版社　（北京市东城区青年湖南街13号　邮政编码100011）
印　　装：天津裕同印刷有限公司
710mm×1000mm　1/16　印张12　2024年11月北京第1版第22次印刷

购书咨询：010-64518888　　售后服务：010-64518899
网　　址：http://www.cip.com.cn
凡购买本书，如有缺损质量问题，本社销售中心负责调换。

定　价：29.80元　　　　　　　　　　　　　　　版权所有　违者必究